D1701437

H. R. Schiess

Bruno Gasser, Herausgeber

H.R.SCHIESS

Mit Textbeiträgen von
Dr. Helmi Gasser
Dr. Alfred Staub
Samuel Buri
H. R. Schiess
Dr. Andres Zschokke
Charlotte Schiess-Petermann

und einem Vorwort
des Herausgebers

Friedrich Reinhardt Verlag Basel

CIP-Kurztitelaufnahme der Deutschen Bibliothek
Schiess, Hans R.:
H. R. Schiess / mit Beitr. von Bruno Gasser,
Dr. Helmi Gasser, Dr. Alfred Staub, Samuel Buri,
Dr. Andres Zschokke, Charlotte Schiess-Petermann
– Basel : F. Reinhardt, 1988
ISBN 3-7245-0609-0

© 1988 – Alle Rechte bei den Autoren
Printed in Switzerland
1. Auflage 1000 Exemplare

Dank des Herausgebers

Daß es gelungen ist, diese Bildmonographie zum 10. Todesjahr von Hans R. Schiess zu realisieren, erfüllt uns mit großer Dankbarkeit und würdigt das Schaffen dieses Künstlers. Diese große, exakte Arbeit konnte nur dank dem Einsatz aller Beteiligten erreicht werden:

Mit all den Jahren an der Seite ihres Mannes und der vorbildlichen Pflege des Nachlasses hat die Gattin Charlotte Schiess-Petermann die wertvolle Basis zu diesem Werk geschaffen. Ihre Informationen bei der Bildauswahl und ihr persönlicher Textbeitrag bürgen für die Authentizität dieses Werkes.

Mit großem Fachwissen und erlebbarer Einfühlsamkeit beschreibt Frau Dr. Helmi Gasser das Lebenswerk des Künstlers. Spritzig und pointiert erinnert sich der Kunstmaler Samuel Buri und treffend schildert Dr. Andres Zschokke die tiefe Freundschaft zu Hans R. Schiess. Diesen Autoren ebenso wie dem Chemiker Dr. Alfred Staub für das posthum zur Verfügung gestellte Ateliergespräch gilt mein erster Dank.

Daß diese Monographie in Aufmachung und Gestaltung so eng dem Denken des Künstlers verbunden ist, ist dem großartigen handwerklichen Können des Typografen Karl Leiner und des Fotografen Martin Bühler sowie der wertvollen koordinatorischen Tätigkeit Hansruedi Rusts zu verdanken.

Im weiteren habe ich zu danken: Matthis Schiess, Dr. Niklaus Schiess, Prof. Peter Schiess, Sebastian A. Schiess, der Öffentlichen Kunstsammlung Basel, dem Staatlichen Kunstkredit Basel-Stadt, dem Kupferstichkabinett Basel, dem bauhaus-archiv Berlin, dem Kunstmuseum Chur, dem Kunstmuseum Solothurn, dem Muzeum Sztuki Łódź, dem Musée Suisse du Vitrail Romont, der Galerie «zem Specht» Basel, der Galerie Henze Campione, der Ciba-Geigy AG Basel, der Basler Versicherungs-Gesellschaft, der National-Versicherung Basel, dem Schweizerischen Bankverein Basel, Frau F. J. Bossard, Dr. Thomas Vischer, Rudolf Indlekofer, Ewald Schuhmacher, Peter Roth Amsterdam, Dr. K. Neuhaus sowie allen Firmen und Sammlern, welche Werke aus ihrem Besitz zur Reproduktion freigegeben haben.

Basel, im Mai 1988 *Bruno Gasser*

Diese Publikation wurde durch finanzielle Beiträge folgender Institutionen, Firmen und Privatpersonen ermöglicht:
Kanton Basel-Stadt, Lotterie-Fonds
Kanton Baselland, Lotterie-Fonds
Kulturstiftung Pro Helvetia
Richterich-Stiftung
Basler Versicherungs-Gesellschaft
Bank Heusser
PAX Versicherungen
Frau A. Schiess-Vischer und Familie
Schweizerischer Bankverein
Martin Vischer-Hell
Wirtschafts-Treuhand AG

17/1/1931 Hans Rudolf Schies

JEROME, Ltd.
Branches Everywhere

Inhaltsverzeichnis

		Seite
Bruno Gasser	Für Hans R. Schiess	5
Dr. Helmi Gasser	Das Werk von Hans R. Schiess	19
Dr. Alfred Staub	Chemie und Kunst Ein Ateliergespräch zwischen einem Chemiker und dem Kunstmaler H.R. Schiess	67
Samuel Buri	Rede Herr, Dein Knecht hört	83
H.R. Schiess	Über abstrakte Kunst Begleittext zur Ausstellung Hans Arp, Serge Brignoni, Hans Schiess, Kurt Seligmann, Jacques Düblin, 1932 in der Kunsthalle Basel	99
	Schiess über Schiess	101
Dr. Andres Zschokke	Mein Freund Hans R. Schiess	151
Charlotte Schiess-Petermann	Aphorismen und Erinnerungen	211

Bruno Gasser · Für Hans R. Schiess

Ohne Titel
1974
Öl auf Leinwand
36 cm × 38 cm
Privatbesitz

Für Hans R. Schiess

Das Werk, das der Künstler Hans R. Schiess (1904–1978) geschaffen hat, ist derart reichhaltig und komplex, daß es nicht überrascht, wenn Jahre nötig waren, einen Überblick über das Schaffen dieses ebenso genialen wie phänomenalen Menschen zu erarbeiten. Sind dies pathetische Zeilen? Nein, im Gegenteil: Wenigen Künstlern im Raume Basel ist es wie ihm gelungen, den Zeitgeist immer wieder kritisch zu untersuchen und ihn unermüdlich zur Blüte zu zwingen. Beginnen wir beim zwanzigjährigen Hans Rudolf Schiess: Nach dem humanistischen Gymnasium läßt er sich an der damaligen Allgemeinen Gewerbeschule, die heute höhere Fachschule für Gestaltung heißt, das Rüstzeug zum Künstler vermitteln. Vertieft wird des jungen Künstlers Wissen bei Otto Staiger. Die Freundschaft mit Hermann Scherer, Albert Müller, die sich später zur Gruppe Rot/Blau zusammenschließen, ist intensiv und problembeladen, führt aber auch zu E.L. Kirchner, der in Davos im Exil lebt. Hier entstehen Bilder, die die Tonalität der eigenen Sprache im Expressionismus finden. Ein logischer Fortgang ans Bauhaus Dessau zu Wassily Kandinsky und Paul Klee zeigt die Intensität, mit der der Künstler Hans R. Schiess sich bildet und weiterbildet.

In dieser (Bilder-)Welt entsteht während eines längeren Aufenthalts in Paris in Freundschaften zu Arp, Herbin und Seligmann die Gruppe «abstraction – création» mit dem gleichnamigen Jahresheft, das Schiess zusammen mit Jean Hélion herausgibt. Und unermüdlich erschließt er sich den Film, das bewegte Bild. Kontakte zu Buñuel, Max Ernst und Frans Masereel sind entscheidend. So ausgerüstet kehrt Hans R. Schiess 1936 in die Schweiz zurück und nimmt mit den Künstlern Abt, Bodmer, Hindenlang, Seligmann und Wiemken, die als «Gruppe 33» in die Geschichte eingehen werden, an der Ausstellung «zeitprobleme in der schweizer malerei und plastik» im Kunsthaus Zürich teil. 1937 wird er Vorstandsmitglied der Zürcher «Allianz, Vereinigung moderner Schweizer Künstler», arbeitet für den Film, schreibt Filmkritiken und betreibt für zwei Jahre das Studio-Kino «Blau-Weiß» in Luzern.

1939–40 realisiert Hans R. Schiess das Wandbild «Das Gute und das Böse» im Polizeigebäude Spiegelhof in Basel und tritt 1941 in Winterthur in das Technikum ein, um ein Chemiestudium zu absolvieren. In dieser Zeit beschäftigt sich der Künstler sehr mit der Natur und tritt nach Abschluß seines Studiums eine Halbtagesstelle bei der Firma Weleda in Arlesheim an.

Morphologische Studien am physikalisch-chemischen Institut der Universität Basel vertiefen sein naturwissenschaftliches Wissen. Neben den Arbeiten an den «Steigbildern» beschäftigt sich Schiess mit philosophischen Schriften. Goethes Farbenlehre und die Auseinandersetzung mit dem Goldenen Schnitt, Dürers «Unterweisung der

Messung» prägen den Künstler stark und nachhaltig. Ein Neubeginn zeichnet sich ab. 1947 gibt er seine Anstellung auf und wendet sich wieder ganz der Malerei zu. Zwei Arbeitsorte, Basel und Herrenschwand im Schwarzwald werden zu Schiessens Arbeitsklausen. Hier entstehen all die wichtigen Glasmalereien, die Zementverglasungen, geschieht die Vorantreibung der abstrakten Malerei, mit der – basierend auf Jahrhunderte alten philosophischen Erkenntnissen – Hans R. Schiess einen völlig neuen und eigenständigen Beitrag zu unserer Kulturgeschichte liefert und die als Zeugnis von höchster Bedeutung ist. So ist diese Publikation, ist das Zusammentragen und Aufarbeiten eines in seiner Breite, Kompetenz und vielschichtigen Weitsichtigkeit einmaligen Lebenswerkes zur Notwendigkeit geworden.

Bruno Gasser

Skizzenbücher

Landschaft bei Giardini –
Blick nach Taormina
datiert 1922
Tempera auf Leinwand
105,5 cm × 120 cm
Öffentliche Kunstsammlung Basel
Geschenk von Frau Elka Spoerri

Mädchen
1921
Öl auf Holz
50 cm × 103 cm
Sammlung Ch. Schiess-Petermann

Vollmond im Giardino Boboli
datiert 1922
Radierung
30,4 cm × 24,1 cm
Sammlung Ch. Schiess-Petermann

Haus am Meer
um 1928
Öl auf Leinwand
90,4 cm × 120,5 cm
Öffentliche Kunstsammlung Basel

Selbstportrait
1926
Öl auf Leinwand
95 cm × 50 cm
Privatbesitz

11

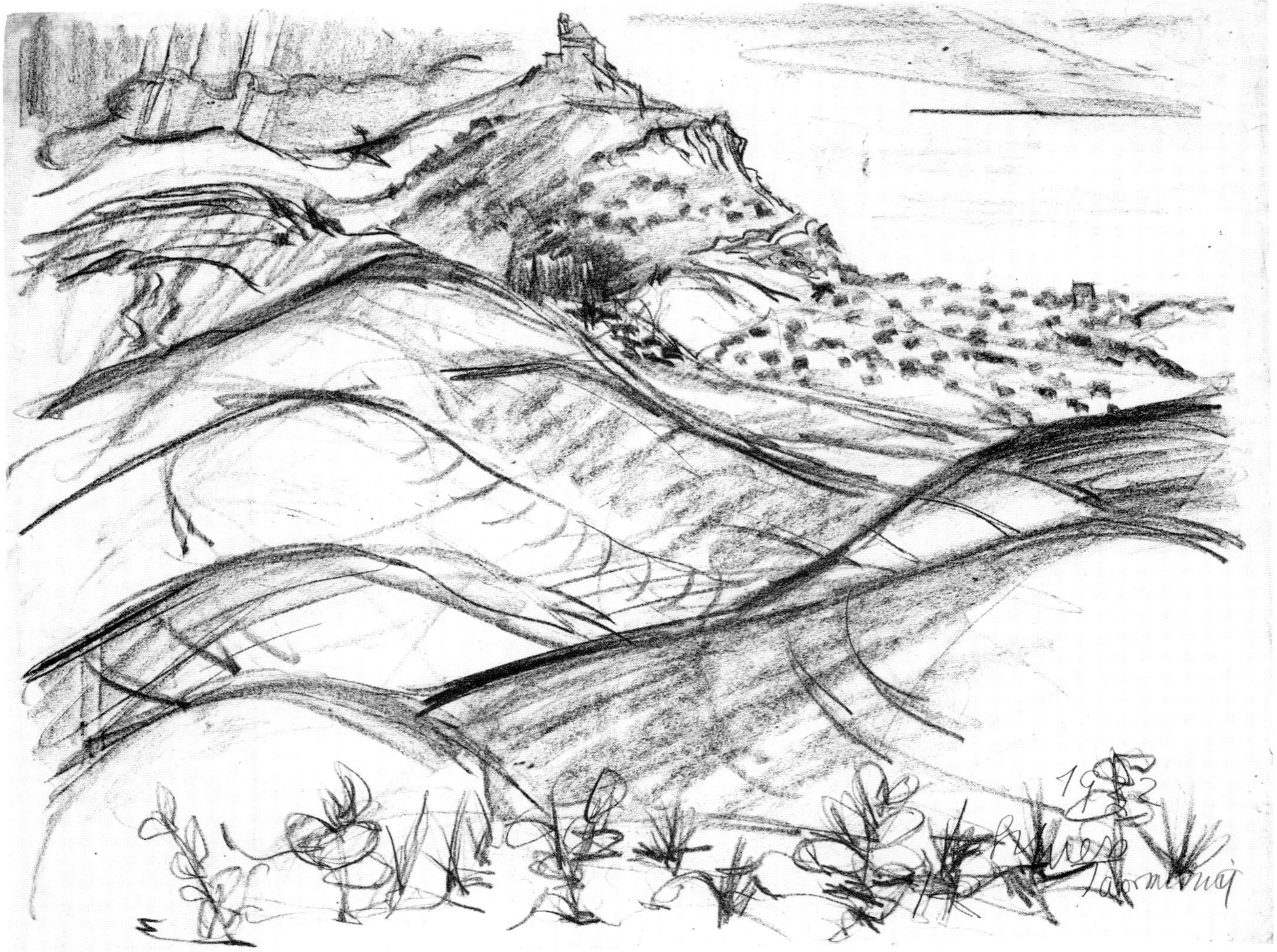

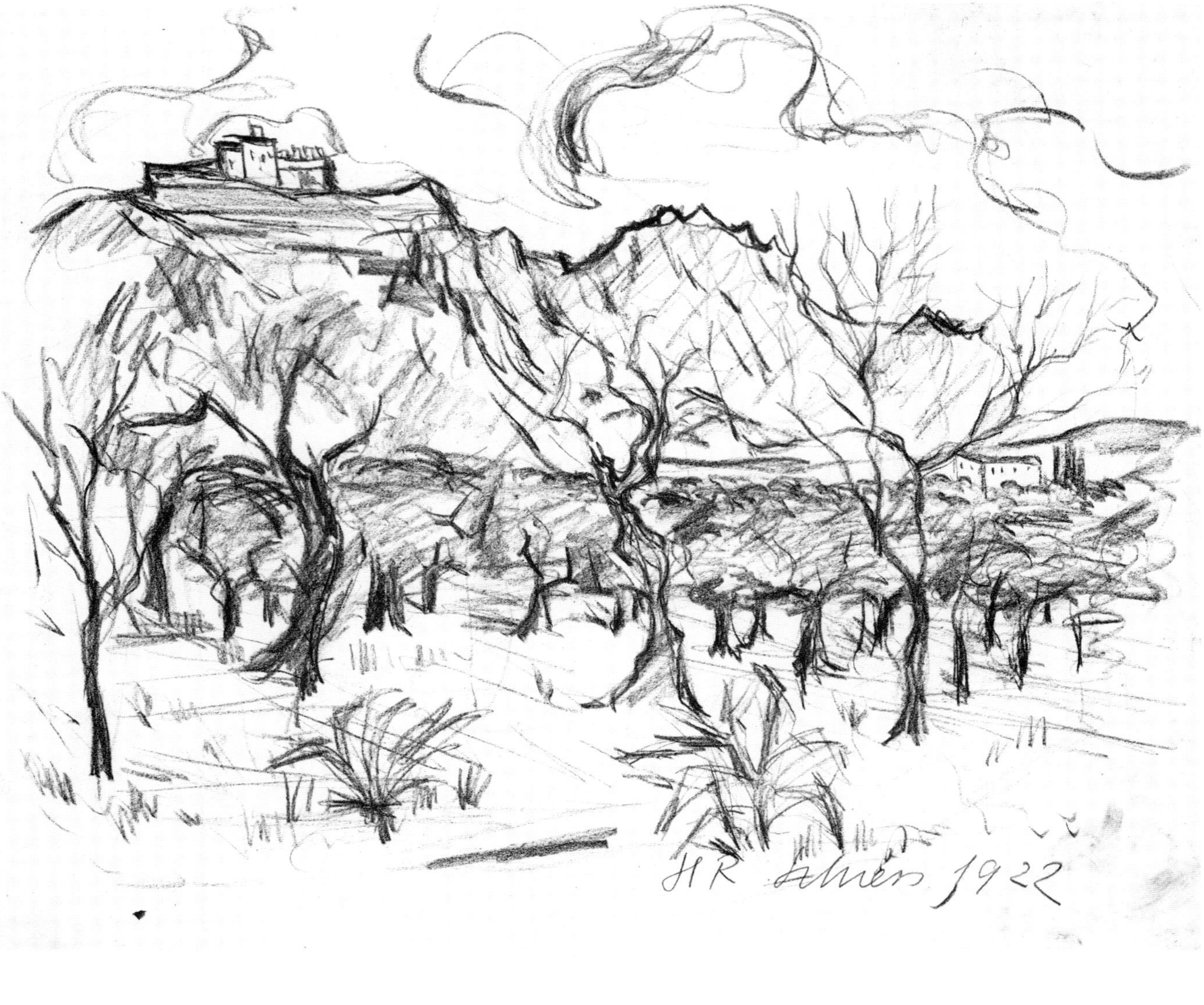

Taormina / Italienische Landschaft
datiert 1922
Kohle auf gelbem Papier
33,7 cm × 44 cm
Sammlung Ch. Schiess-Petermann

Die Vulkaninsel Stromboli
datiert 1922
lavierte Kohlezeichnung
32 cm × 42,5 cm
Privatbesitz

14

Portrait H.F.
1924
Öl auf Leinwand
115 cm × 71 cm
Privatbesitz

Café el Greco Roma
um 1928
Öl auf Leinwand
111 cm × 150 cm
Sammlung Ch. Schiess-Petermann

Dr. Helmi Gasser · Das Werk von Hans R. Schiess

Ich wünsche mein Glück
1921
Radierung
24,7 cm × 81 cm
Sammlung Ch. Schiess-Petermann

Das Werk von Hans R. Schiess

Die Entwicklungsjahre

Hans R. Schiess entstammte einer Familie des Kantons Appenzell, deren Mitglieder über Generationen den Pfarrerberuf ausübten. Zur Universitätsstadt Basel, die traditionsgemäß Studienort war, bestanden alte Beziehungen. Mit dem Großvater von Hans R. Schiess ließ sich ein Zweig der Familie dauernd hier nieder. In diesem treten in der Folge auffallend starke malerische Begabungen hervor. Traugott Schiess (1834–1869) und Ernesto Schiess (1872–1919), Großonkel und Onkel von Hans R. Schiess, sind namhafte Schweizer Maler ihrer Zeit. Im Hause des Großvaters befand sich auch eine bedeutende Kollektion von Schweizer Malerei des späten 19. Jahrhunderts. Durch die Verwandtschaft mütterlicherseits hatte der junge Schiess (geb. 1904) zudem nahen freundschaftlichen Umgang mit älteren Hauptvertretern der vom französischen Realismus und Frühimpressionismus ausgehenden dunkeltonigen Basler Schule, mit Paul Basilius Barth, Jean-Jacques Lüscher, Heinrich Müller und Ernest Bolens. Schiess, der sich schon in der Gymnasialzeit intensiv mit Malen und Zeichnen beschäftigte, genoß zudem in den Jahren 1923/24 an der Basler Kunstgewerbeschule den bewährten Unterricht von Arnold Fiechter (Malerei) und Albrecht Mayer (Zeichnen).

Anbetrachts dieses Umfelds fällt es in besonderem Maße auf, daß Schiess in seiner künstlerischen Entwicklung von der Basler und Schweizer Malerei unberührt blieb. In einer ihm eigenen Luzidität suchte er die Nähe kühnsten neuen Kunstschaffens, dessen Bedeutung und große Zukunftswirkung damals noch keineswegs bekannt war. Schon als Achtzehnjähriger setzte er sich mit Max Ernst, mit Ernst Ludwig Kirchner auseinander, bald auch mit Cézanne und Picasso. In seiner Frühzeit bildeten für sein Schaffen jedoch auch landschaftliche Eindrücke, insbesondere aus südlichen Gegenden, Tessin, Florenz, Rom, Sizilien, Griechenland und Spanien starke Anstöße, auch menschliche Begegnungen. Landschaftsräume, Porträts – oft einem Lebensumfeld einverbunden – und Stilleben sind damals Hauptmotive seiner Malerei.

Eine frühe, bemerkenswerte Werkgruppe besteht in Radierungen. In ihnen steht das Figürliche im Vordergrund. Neben expressionistischen Gestaltungselementen tragen sie in ihrer Gesamterscheinung auffallend starke surreale Züge, wie etwa das Blatt «Ich wünsche mein Glück» augenscheinlich zeigt.

Zu einer besonders wichtigen Station auf seinem Weg wurde die Begegnung mit der Malerei und der Persönlichkeit Ernst Ludwig Kirchners. Nach Atelierbesuchen bei Kirchner seit 1922, vermittelt durch die Malerkollegen Albert Müller und Hermann Scherer, nach der Konfrontation mit der großen Kirchner-Ausstellung, die 1923 in der Basler Kunsthalle stattfand, hielt sich Schiess 1927 mehrere Monate als Lernender bei Kirchner in Davos-Frauenkirch auf. Für Schiess bewirkte die Begegnung mit Kirchner an erster Stelle ein Freisetzen der Farbe. Sie förderte sein eigenes, hochsensibles farbiges Sehvermögen und ließ ihn zudem die Erfahrung gewinnen, daß den Aussagekräften der Farbe das Primat zukommt, daß diese an die Farberscheinungen der Realität nicht gebunden zu sein brauchen. Er vollzog den Bruch mit der herkömmlichen Farbgebung. Seine Bilder widerspiegeln eine spannungsreiche und interessante Auseinandersetzung mit Kirchners Werken. Hierin steht er in Parallele zu den etwas älteren Malern der Basler Gruppe Rot-Blau, zu Hermann Scherer, Albert Müller, Paul Camenisch und Otto Staiger. Die künstlerischen Konsequenzen gestalten sich jedoch etwas unterschiedlich, nicht nur darin, daß die Annäherung sich mählicher vollzieht und bald auch in ihrer Intensität wieder nachläßt. Die Unterschiedlichkeit wird auch in jenen Bildern deutlich, die motivisch und im Grade der Umformung der Wirklichkeit mit Kirchner sehr übereinstimmen, in Graubündner Berglandschaften (Roflaschlucht bei Thusis, 1925/26). Die farbliche Auffassung ist anders als bei Kirchner und auch als bei der Gruppe Rot-Blau. Schiess setzt kaum Grundfarben ein, Weiß, Blau, Karmin sind stets durch Zusätze angereichert, gebrochen. Seine gleichwohl leuchtend starken Farben gestalten sich in ihren Zusammenklängen verhaltener. Es fällt auch auf, daß Schiess Farbe nie als geschlossene Fläche von gleichbleibendem Festigkeitsgehalt einsetzt, sondern als flüssige Materie, die sich in ihrer Dichte, in ihrer Transparenz unablässig wandelt. Zudem füllt Schiess einen Farbbereich nie bloß mit einer Farbe aus, ein solcher besteht zumindest aus zwei übereinanderliegenden, oft gespannt gegensätzlichen Schichten, die – beide in sich selbst schon voller Wandlung – in ihrer Verbindung außerordentlich reiche Nuancen hervorrufen. Diese Art des mehrschichtigen Farbaufbaus wird Schiess über sein ganzes Schaffen hin beibehalten. Im Dämpfen und Brechen einer Farbintensität entwickelt Schiess im Frühstil noch eine weitere Eigenart. Er beginnt die Farbe in einzelnen Pinselstrichen in lockeren recht gleichmäßigen Schraffuren einzusetzen. Hierin scheinen sie auch eine übergeordnete Maßeinheit zu beinhalten. Es ergeben sich Wirkungen, die zu Pinsel-Zeichnung und graphischen Techniken Bezüge haben. Dies wird gut ablesbar etwa am Porträt von Kirchner. Ein Porträt, das sich auch als bemerkenswert eigenständige und geistreiche Antwort auf Kirchners kurz vorher entstandenes Selbstporträt (1926) erweist. In noch etwas späteren Werken, etwa dem «Toskanischen Garten» gewinnen die linearen Elemente ein stärkeres Eigenleben: sie legen sich teils als andersfarbiges Gitterwerk über Vegetationsstrukturen, säumen und befrieden teils wie

Bildhinweis:
Roflaschlucht bei Thusis, Seite 37

Portrait Kirchner, Seite 35
Toskanischer Garten, Seite 33

kleine Staketen oder Blümchenreihen einzelne Farbabteile. In diesen Bildern zeigt sich bereits auch jene Vorliebe für rostrote und bräunliche Töne, die sich später noch intensivieren wird. Innerhalb jener von Kirchner ausgehenden Expressionismusströmung leisten diese Arbeiten von Schiess in der Qualität und Eigenständigkeit ihrer Farben und Zusammenklänge einen wesentlichen Beitrag. Durch Kirchner wurde Schiess zu seinem eigenen, besonderen Farbvermögen hingeführt. Im Bruch mit der Tradition verstärkte sich zudem das Offensein für neue Gestaltungsformen. Kirchner dürfte für ihn auch in seiner Existenz als Künstler ein faszinierendes, wesensverwandtes Vorbild dargestellt haben.

Wenig später übersiedelt Schiess nach Dessau und besucht 1928/29 die Kurse am Bauhaus. Insbesondere von der Lehrtätigkeit und der Kunst Wassily Kandinskys wurde er in außerordentlichem Maße angesprochen. Kandinskys gedanklich-geistige und wissenschaftliche Untermauerung gestalterischer Vorgänge und seine Ausrichtung auf das Erreichen übergeordneter Gesetzmäßigkeiten rührten bei Schiess an ein innerstes, ähnliches Bestreben. Unter dem Eindruck von Kandinskys Unterricht und Kunst kam Schiess zum gänzlichen Verzicht auf Darstellung eines Abbilds, zur Beschränkung auf geometrische Grundformen, Linie, Linienparallelen, Kreis, Quadrat und Dreieck. Dabei dürfte Schiess im Kurs «Analytisches Zeichnen» wichtige Erfahrungen im Freilegen konstruktiv bestimmender Kräfte gesammelt haben. Die wissenschaftlich angelegte Farbschulung mit Farbaufbau, Verhältnis von Farbe zu Form und von Farbe zu Komposition vertieften sein Wissen um die Farbe. Weitere Dimensionen von Farberfahrung gewann er aus den gleichfalls auf Systematisierung bedachten Malkursen von Paul Klee. Unter dessen Werken fühlte er sich vorab von den gänzlich ungegenständlichen, den Farbklängen, angezogen. Auch mit Lyonel Feiningers Darstellungen räumlicher Verhältnisse als kristalline, durchlässig sich durchdringende Strukturen hat sich Hans R. Schiess auseinandergesetzt. Nach dem Besuch des Bauhauses enden seine Lernjahre. Durch Kandinsky insbesondere hatte er ein Vokabular abstrakter Grundformen erhalten, das er fortan zu unverwechselbar persönlichen Bildfindungen gebrauchte. Es stellt die Basis dar für beide Hauptperioden seines Schaffens, wobei für diese beiden in sich sehr verschiedenen Etappen selbstverständlich noch zahlreiche weitere Anregungen und Einwirkungen hinzutreten.

Geniale Entfaltung in Paris

Schiess hatte nun in der strengen Abstraktion jene Gestaltungsform gefunden, die den geistigen Inhalten, die er in seiner Malerei darstellen wollte, gemäß war. Dennoch brauchte es für seine künstlerische Produktivität einen eigentlichen Auslöser. Er fand ihn, wiederum mit einer erstaunlichen Sicherheit, 1930 in einer Stadt, in Paris mit seiner damals ungeheuren Fülle von bedeutendem und bahnbrechendem Kunstgeschehen. Diese Atmosphäre, in der die verschiedenartigsten malerischen Impulse gleichsam herumschwirrten und Begegnungen und Diskussionen mit führenden Künstlern der Zeit sich beinahe als Selbstverständlichkeit einstellten, diese Atmosphäre hatte für Schiess etwas ausgesprochen Stimulierendes. Dabei war der Schritt vom Dessauer Konstruktivismus zu Paris von ebensolcher Spannweite wie von Kirchner zu Kandinskys Geometrie. Während damals in Paris die verschiedenen Stufungen des Kubismus sowie Futurismus, Orphismus, auch Surrealismus als Darstellungsformen bereits akzeptiert waren, blieb man jener Abstraktion gegenüber, die auf alle gegenständlichen Bezüge verzichtete – obwohl Mondrian schon seit 1919 in Paris arbeitete – ausgesprochen kühl. Schiess gehörte in Paris zu den frühen Verfechtern dieser Stilrichtung, er dürfte auch unter den ersten gewesen sein, die Formen- und Ideengut des Bauhauses nach Paris brachten. Um die Tendenzen der reinen Abstraktion zu stärken, ihre künstlerischen Kräfte zu sammeln, wurde 1931 die Künstlervereinigung «abstraction–création» ins Leben gerufen, Schiess zählte zu deren engeren Gründungsmitgliedern. Die Vereinigung von anfänglich etwa 40 heute zumeist sehr bekannten Künstlern zeigte eine große Bandbreite, die von strengem Konstruktivismus (Mondrian, Vantongerloo, Freundlich, Taeuber-Arp) bis zum Surrealismus reichte (Schwitters, der Basler Seligmann). Die Gruppe wies in einer permanenten Ausstellung auf Werke ihrer Mitglieder hin, auch Schiess war hier vertreten. Großes Gewicht wurde auf Publikationen gelegt, in denen Bilder einzelner Mitglieder vorgestellt wurden – sie gehören heute zu den wichtigsten Quellen damaligen rein abstrakten Kunstschaffens in Paris. Schiess war in den Anfängen gemeinsam mit Jean Hélion im Comité für die Herausgabe dieser Hefte. Hier schrieb er zu Bildern seines Freundes Hans Arp einen begleitenden Text, hier wurden auch mehrmals Werke und Werkgruppen seines eigenen Schaffens veröffentlicht. Die Vereinigung förderte zudem den persönlichen Kontakt unter ihren Mitgliedern. Schiess fand insbesondere in Auguste Herbin, dem Hauptexponenten von «abstraction–création» einen Gesprächspartner, dem an einer geistig-gedanklichen Verankerung malerischer Gestaltungsprozesse ebensosehr gelegen war. Daneben pflegte Schiess auch anregenden freundschaftlichen Umgang mit Malern anderer künstlerischer Richtungen, hervorzuheben ist die Beziehung zu Fernand Léger und die Wiederaufnahme der Verbindung zu Max Ernst.

Diese erste große Schaffensperiode von Schiess erstreckt sich im wesentlichen auf die Jahre zwischen

1930 und 37. Aus ihr haben sich nicht allzu viele Werke erhalten. Manches mag verschollen sein, doch scheint auch der Produktionsrhythmus nicht sehr dicht gewesen zu sein. Es bedeutete für Schiess jedesmal erneut ein großes Wagnis, mit dem ersten Pinselzug einen Anfang zu setzen und dann sich weiter vorzutasten, aus einer Unzahl von sich ihm anbietenden Möglichkeiten stets wieder das nächstfolgende Bauelement auszuwählen, um schließlich zur Bildgestalt vorzudringen. Für die Werke dieser Periode sind als erstes auffallend und bezeichnend große einfarbige Flächen, die gleichsam Folie und Bezugsfeld darstellen für ein formenreiches komplexes Gebilde aus konstruktiven Elementen, das eine gewisse Plastizität erlangt.

In den frühesten Bildern ist jene «Folie» als durchgehende monochrome Fläche behandelt, wobei zu präzisieren ist, daß Schiess auch hier wieder einen zweischichtigen Farbaufbau einsetzt, Farbpaare von oft innerer Gegensätzlichkeit. Die glatte obere Farbhaut wird stets wieder dünn oder zerreißt, so daß die heftige Spannung ständig durchscheint. Schon seit 1932 beginnt Schiess mehrere solcher Flächen einzusetzen. Ihre Farben sind verhalten, beschränken sich auf Braun, Beige, Rost, Blau und Schachbrettmuster. Schiess setzt diese durchaus kompakt, wandhaft wirkenden Farbflächen zu gestaffelter räumlicher Wirkung ein. Diese Räumlichkeit wird weiter verstärkt durch eine gewisse perspektivische Anordnung und durch perspektivische Versatzstücke und lineare Elemente. Die untereinander divergierenden Ansätze von Tiefenwirkung brechen jedoch stets wieder ab. Im Verein mit den unterschiedlichen Tonwerten der Farbflächen, die durch Konturen klar begrenzt sind, ergibt sich ein Bildraum von eigentümlich labilen, irrationalen Verhältnissen. Ihm einverbunden baut Schiess seine Konstruktionen aus gerüsthaften Elementen: Stangen, Balken, leiterartigen Bildungen, Stabparallelen, Gitterrastern, auseinanderlaufenden Linienbündeln, einfachen Flächenelementen und ausgreifenden, oft umknickenden Geraden. An ihnen fehlt selten eine Kreisform, sie zeigt sich in zahlreichen Varianten, als Reif, Kugel, Loch, als magisches Auge, als Signalscheibe, als Schiess-Scheibe. In diesen Konstruktionen treten perspektivische Tendenzen verstärkt hervor, was ihre illusionistische Greifbarkeit verstärkt, die auch durch Schlagschattenwirkungen unterstützt wird. Diese Plastizität wird jedoch gleichzeitig entmaterialisiert, einmal durch die farbliche Zartheit, der, insbesondere in den Flächen, viel Weiß beigemischt ist, und dann durch ihre lineare Reduktion, ihre «Dünne» – das Gitterwerk scheint sich oft direkt auf die großen Farbflächen des Bildraums zu legen. Aus solcher Transparenz ergibt sich zudem eine starke und enge Bindung, ja Verflechtung zwischen Konstruktion und Bildraum. Außerordentlich spannungsvoll gestaltet sich dabei auch das Verhältnis ihrer kleinteiligen Farbformen zu den großen Farbflächen. Wenn diese Gebilde mit Vertikalen, Horizontalen und Diagonalen zwar Tragen und Lasten mitenthalten, erlangen sie durch ihre Zartgliedrigkeit, ihre Transparenz und ihre Symbiose mit den Raumflächen eine kühne Schwerelosigkeit, sie vermögen durchaus bloß auf dünnen Stäbchen zu fußen. Es entstehen Konstruktionen von großer Originalität, voll spielerischer Vielfalt der Bewegungsabläufe und artistischer Balance. Es sind spirituelle Architekturen, die sowohl Assoziationen an Gehäuse wie an maschinelle Strukturen hervorrufen. Ihre Benennung als «Taubenschlag» wie als «Webstuhl» dürfte sowohl hinweisen auf die geistige Inspiration wie das bauliche Konzept.

Und wiewohl sie sich ausschließlich aus abstrakten Elementen zusammensetzen, eignet diesen höchst einmaligen, komplexen Gebilden etwas suggestiv Wesenhaftes. Ihre delikate und intensive Farbigkeit blüht auf den gegensätzlichen, verhalten-explosiven Farbflächen des Bildraums wie aus einem Resonanzboden auf. Durch die Wesenhaftigkeit dieser Konstruktionen und die starke, eigenartige Räumlichkeit erlangen diese Bilder eine ausgesprochen surreale Dimension. Schiess ist hierin einer der ersten, welcher unter weitestgehendem Verzicht auf Gegenständliches eine Verbindung zwischen strenger, konstruktiver Abstraktion und Surrealismus herstellt. In dieser besonderen Synthese vollbringt Schiess eine kunstgeschichtliche Leistung, die starke Beachtung verdient. Auch in den farblich hervorragenden Qualitäten dieser Bilder erweist sich, daß Schiess zu den wichtigsten Malern der Gruppe «abstraction– création» gehört. Um 1937, bald nach der Rückkehr in die Schweiz, läuft diese Schaffensphase aus.

Die Meisterschaft der Reife
1937 schließt sich Schiess noch der avantgardistischen Vereinigung abstrakter Schweizer Künstler «Allianz» an. In den folgenden 10 Jahren entstehen Bilder jedoch nur vereinzelt. Einschneidende menschliche Erlebnisse und Erkenntnisse sind hier mitbeteiligt. Das Fehlen der stimulierenden Kunstszene von Paris mag sich ausgewirkt haben, das Aufziehen der Kriegsjahre und der Versuch, materielle Unabhängigkeit mittels Erlernung und Ausübung eines Brotberufs zu gewinnen. Entscheidender noch dürften innere Vorgänge gewesen sein, das abrupte Aufbrechen seiner Religiosität, die latent, als Familienerbe, schon vordem bestand. Sein Bemühen zielte nun auf das Erfassen und Darstellen göttlicher Kräfte, das Wirken ewiger Gesetze und Harmonien. Die künstlerischen Lösungen, die er bis dahin gefunden hatte, mögen ihm nach diesem offenbarungsähnlichen Erleben als zu individuell, zu sehr als Experimente vorgekommen sein. Die Malerei, seine Gestaltungsdomäne, wurde ihm jetzt zum Mittel, das Walten jener übergeordneten Gesetzmäßigkeiten zu ergründen und sichtbar zu machen.

Taubenschlag, Seite 52
Pigeonnier, Seite 55

Er spürte jedoch, daß die Grundlagen, die er besaß, hiefür nicht ausreichten. Er eignete sie sich an in Jahren intensiver gedanklich-geistiger Verarbeitung. Seine Neigung zu wissenschaftlich exaktem Erforschen wurde nun, auf der Suche nach einer allumfassenden Ratio, besonders groß. Sowohl das Chemiestudium, das er absolvierte und abschloß (1944), wie die nachfolgenden morphologischen Untersuchungen gewährten ihm Einblick in die Strukturen und Geheimnisse der Schöpfung. In seinem Ringen um übergeordnete Gesetzmäßigkeiten gewannen geometrische Proportionslehren grundlegende Bedeutung. Er befaßt sich eingehend mit Dürers «Unterweisung der Messung mit Zirkel und Richtscheit», insbesondere anhand der 1948 erschienenen, kommentierten Ausgabe von Max Steck. Noch entscheidender wurde die Beschäftigung mit der Lehre vom Goldenen Schnitt. Angeleitet durch verschiedene kommentierende wissenschaftliche Werke, so etwa E. Beothy, La série d'or, Théorie et Méthode pratique (Paris o. J.), wurde er in ihre strengen Gesetzmäßigkeiten, in ihre komplexen Anwendungsmöglichkeiten mehr und mehr eingeweiht. In diesem Bemühen, zu Grundmaßen des Menschlichen vorzudringen, erlangten für Schiess in formaler Hinsicht nun auch die kristallinen Zerlegungsprozesse des Kubismus ein wesentliches Interesse, er setzte sich besonders intensiv mit kubistischen Werken Picassos auseinander. Jene «Compotiers» (seit 1953), welche eine erste wichtige Werkgruppe seines neuen Stils ausmachen, dürften durchaus auf diese Beziehung anspielen.

Während dieses Erarbeitens von meßbaren, formalen Gesetzmäßigkeiten sah sich Schiess zugleich bedrängt von den mit der Gewalt einer Offenbarung hereinbrechenden Farben. Und nochmals, zum vierten Mal auf seinem künstlerischen Weg, vertiefte er sich, von neuem Standort her, in Goethes Farbenlehre. Auch den Farbdeutungen Rudolf Steiners wandte er sich zu.

Seit den frühen fünfziger Jahren hat Schiess jenes Gestaltungskonzept entwickelt, das fortan sein gesamtes Schaffen prägt. Neu ist nun, daß er eine Vorstudie erstellt, eine maßstäblich stark verkleinerte Bleistiftskizze, in welcher aufgrund komplizierter geometrischer Berechnungen der Hauptaufbau unter Berücksichtigung farblicher Hauptakzente festgelegt wird. Seine Bilder beherrschen jetzt lineare Unterteilungen, die einander in einem übergeordneten Harmonieprinzip verbunden sind. Wie in Taktschlägen gliedern sie die Grundfläche auf. Vertikale und Horizontale stellen dabei zwar wichtige Grundmaße her, die nicht nur in großen Richtlinien, sondern auch in zahlreichen kleineren Teilungen weiterwirken, oft bloß fragmenthaft, oft, als Farbgrenze, mehr erahnbar als wahrnehmbar – zumeist gelangt an einer Stelle des Bildes auch das kleinste Vertikal-Horizontalmaß, die Leinwandtextur, zur

Mitsprache. Doch auch dynamische Schrägen mit unterschiedlichsten Neigungswinkeln sind jenen übergeordneten Proportionsverhältnissen einbezogen, so daß das Gefüge neben Quadrat und Rechteck ebenso Dreieck und Trapezoid mitenthält. Als prägende Hauptform legt sich jeweils ein geschlossenes Rund, ein Kreis oder Mehreck, mit Vorzug das die Maße des Menschen beinhaltende Fünfeck, in diese linearen Proportionsstrukturen. Oft an eine Aura gemahnend, wohnen ihm nicht nur zusammenfassende Stärke, sondern auch symbolische Kräfte inne. Diese flächenhafte Aufteilung erlangt durch die – auch farblich – unterschiedliche Akzentuierung einzelner Linienzüge eine gewisse Tiefenstufung, wirkt wie eine Art mehrschichtiges Netz. Noch wesentlich stärker scheint diese Tiefenstaffelung in den Farbflächen auf, die, oft einander überlagernd, aus der Unendlichkeit des Raumes vordringen, von jenen geometrischen Strukturen als von straff gespannten «Fäden der Ariadne» gleichsam magnetisch angezogen. Ihr ungestümer Andrang wird in gewisse ordnende Bahnen gelenkt, zum Teil sogar fest umrissen eingegrenzt.

Dieses Gestaltungsprinzip bot Schiess eine solch unerschöpfliche Fülle künstlerischer Ausdrucksvarianten, daß nun in einem pausenlosen, geradezu fieberhaften Arbeitsrhythmus ein umfangreiches Werk entstand. Wenn sich zwar das Bildkonzept gegenüber der frühern Schaffensperiode völlig gewandelt hat, knüpft Schiess zu Beginn der neuen Stilstufe doch auch deutlich an Vorhergehendes an. Dies gilt vorab für die Farbe. Ihre «Haut» ist noch ähnlich beschaffen: sie baut sich zumeist zweischichtig, aus einem Gegensatzpaar auf, bleibt relativ dünnflüssig, rasch wandelbar. Auch herrschen weiterhin gedämpfte Töne vor, ungebrochen intensive Farbe bleibt auf kleine Flächen beschränkt. Auch das Motiv der Scheibe mit Stab wird von früher übernommen.

Seit 1958 zeichnen sich in der sich stetig verdickenden Farbe, die nun zahlreiche Zwischentöne mitenthält, die Umrisse einer Gliederpuppe ab, die sitzend horcht («Rede Herr, Dein Knecht hört»). Symbol und konzentrierte Verkörperung jener übergeordneten, auch im Menschen waltenden Proportionen und jener Erkenntnisse, die sie zu vermitteln vermögen. Seit 1959 steigert Schiess sein Gestaltungsprinzip zu monumentaler Form. Die längsrechteckigen Bildformate erlangen beachtliche Ausmaße. Die geometrischen Strukturen durchmessen souverän die großen Flächen und entfalten sich kaleidoskophaft reich. Und ebenso fächert sich die Farbe in ein breites Spektrum spannungsreich und erlesen zusammenstimmender Töne und Nuancen. Mehr und mehr treten auch lichthaltige Grautöne hinzu. Die Farbe erlangt dabei eine grössere Bewegtheit und Ungebundenheit, die Spontaneität des einzelnen Pinselstrichs bleibt wirksam. In ihrer Beschaffenheit wird die Farbe zuneh-

Rede Herr, Dein Knecht hört, Seite 82 / 85 / 86

mend pastoser und eine neu entwickelte Firnistechnik verleiht ihr einen emailhaften Glanz. In diesen großangelegten Bildern, in denen sich Form und Farbe gleichsam die Waage halten, erreicht in den sechziger Jahren diese Schaffensphase eine erste Höhe der Meisterschaft.

Die äußere und innere Größe, welche seinem Gestalten nun innewohnte, führte Schiess auch zu eigentlich monumentalen Darstellungstechniken, zu Wandmalerei – hervorzuheben ist hier «Der Lerche Lied» (1964, in der Kantine der Ciba-Geigy AG, Schweizerhalle) – wie auch zu Glasmalerei. Diese letztere wurde zu einem künstlerischen Wirkungsfeld, mit dem er sich neben der Malerei nun kontinuierlich beschäftigte. Zwei Komponenten dürften ihn dabei in besonderem Maße angezogen haben: zunächst die von der Technik auferlegte Felderunterteilung, welche seinem Komponieren mit streng gefügten Maßverhältnissen zutiefst entsprach, und dann die lichtdurchdrungene intensive Leuchtkraft des farbigen Glases, die den Farbvorstellungen, denen er zustrebte, nahekam. Es entstand ein größeres Œuvre von Glaswänden. In einer ersten Gruppe, für die das Glasgemälde im Basler Frauenspital ein Hauptbeispiel darstellt, setzt er neben dem Richtmaß der großen Felder ein komplexes Gefüge maßlich harmonierender Unterteilungen ein, analog zu den Bildern, jedoch straffer und konsequenter, auch kleinteiliger durchgestaltet, so daß die Fläche sich in zahlreiche einfache, jedoch individuelle geometrische Formen zerlegt. Sie bilden für die feine Stufung der farbigen Gläser die Grundlage. Seit 1961 wendet Schiess ein anderes Verfahren an, das er selbst entwickelt hat: er stellt in Zementguß kleinteilige Maßeinheiten – hochrechteckige Felder – her, welche die großen Felder gitterartig unterteilen. In sie setzt er Glas von aussergewöhnlicher Dicke und lebendiger Struktur ein, das in seiner tiefen Leuchtkraft an Edelsteine erinnert. Auch die ungefärbten Glasflächen, die nun zu einem wichtigen Teil der Komposition werden, muten kristallhaft an. Dieser Bezug zu kostbarem Naturgestein wird noch verstärkt durch die vielfältigen Bruchstellen, welche den geometrischen Raster in bewegter Kontur nun weiter teilen. Farbliches Grundelement bildet die silbern schimmernde Helligkeit der ungetönten, undurchsichtigen Gläser, in denen sich die Farbelemente wie funkelnde Inselformationen entfalten. In beiden Gestaltungsarten hat Schiess Werke geschaffen, die zu den bedeutendsten Beiträgen gehören, welche in diesen Jahren in der Schweiz zur Glasmalerei geleistet worden sind.

Im letzten Jahrzehnt seines Schaffens bevorzugt Schiess in seiner Malerei wieder vermehrt kleinere Formate. Aus seinen Kompositionen verschwindet die Rundform, das formale Gerüst vereinfacht sich, tritt jedenfalls nur in wenigen Hauptstrukturen hervor. Die Farbe erreicht jetzt eine höchste gestalterische Intensität. Es sind unge-

Der Lerche Lied, Seite 134   Betonglasscheibe, Seite 177

brochene Farben von hoher Leuchtkraft, Zinnober, helles Blau und Gelb, die dominieren. In ihnen dürfte auch aus der Glasmalerei gewonnene Erfahrung eingeflossen sein. Dabei birgt die Oberflächengestaltung eine Fülle – auch ästhetisch – herrlicher Detailstrukturen. Und jenes Durchscheinen und Hervordringen von Spuren unterer Farbschichten erreicht hier eine besondere Dichte. In diesen leuchtenden Farben bricht Schiess in tiefe Dimensionen des Malens durch. Jene heftige Grundspannung, welche das ganze Schaffen seiner Reife beherrscht: zwei völlig gegensätzliche Erfahrungen des Göttlichen zu vereinen, das Walten übergeordneter rationaler Gesetzmäßigkeiten und die explosive Gewalt der Offenbarung – diese Grundspannung verschärft sich in den Werken seiner letzten Jahre, die Offenbarung, die Farbe, erlangt das Hauptgewicht.

Stilistisch steht Schiess in seinem Werk der Reife nun nicht mehr an vorderster Front der Kunstentwicklung, wenngleich er in reiner Abstraktion mit den künstlerischen Grundtendenzen in Übereinstimmung steht. Er vollzieht jedoch einen Weg nach innen, entwickelt ein persönlichstes Kompositionsprinzip, in dessen dialektischer Spannung er seine malerischen Kräfte variierend voll verausgaben kann. Im Schweizer Kunstschaffen steht auch diese Periode seines Werks eher vereinzelt. In der Auffassung von Fläche und Raum, im Weiterverarbeiten kubistischer Impulse und in der hochentwickelten Malkultur stellen sich gewisse Parallelen her zu den Meistern der Ecole de Paris; in der ausgeprägt religiösen Dimension ergibt sich insbesondere ein Gleichklang zu Manessier.

Zusammenfassung

Zusammenfassend sei festgestellt, daß Schiess in jungen Jahren zu dem von Kirchner geprägten Expressionismus eine malerisch eigene Facette beiträgt, daß er dann auf von Kandinsky vermittelter Grundlage in seiner ersten Hauptphase eine frühe, auch kunstgeschichtlich bedeutende Verbindung zwischen reiner Abstraktion und Surrealismus vollzieht und in seinen reifen Jahren ein eigenes Gestaltungssystem erarbeitet, das die Farbwerte in Bezug setzt zu Grundmaßen des Menschlichen. Die malerische Qualität dieser Werke braucht den Vergleich mit Hauptvertretern der Ecole de Paris nicht zu scheuen.

Helmi Gasser

Alte Frau, 1925
Öl auf Leinwand, 90,5 cm × 60,5 cm
Privatbesitz

Ohne Titel
um 1928
colorierte Radierung
21,5 cm × 30,6 cm
Sammlung Ch. Schiess-Petermann

Ponte Vecchio, 1924
Radierung
24 cm × 31 cm

Piazza Signoria, 1924
Radierung
24,7 cm × 28 cm
Sammlung Ch. Schiess-Petermann

31

Zwei Schiffe
1924
Öl auf Leinwand
90 cm × 120 cm
Privatbesitz

Toskanischer Garten
1928
Öl auf Leinwand
100,5 cm × 100,5 cm
Schweizerischer Bankverein, Lausanne

Ohne Titel
1925
Öl auf Leinwand
101 cm × 121 cm
Privatbesitz

Portrait Kirchner
1926
Öl auf Leinwand
110 cm × 84,5 cm
Privatbesitz

Weißer Krug, 1925
Öl auf Leinwand
90,5 cm × 60,5 cm
Sammlung Ch. Schiess-Petermann

Roflaschlucht bei Thusis
1925 / 26
Öl auf Leinwand
121 cm × 96,5 cm
Kunstmuseum Chur

Ohne Titel
1928
Collage
44,2 cm × 57,5 cm
Kunstmuseum Chur

Landschaft
1928/29
Öl, Gouache und Collage auf Karton
33,5 cm × 41,5 cm
Privatbesitz

Die Arkaden beim Boboli
um 1926
Radierung
28 cm × 20,3 cm
Privatbesitz

Ethel Fodor (Bauhaus-Schülerin)
datiert 1927
Ölkreide auf Papier
44 cm × 28,5 cm
Sammlung Ch. Schiess-Petermann

Ohne Titel
1930
Öl auf Leinwand
52 cm × 35 cm
Privatbesitz

Komposition
um 1930
Öl auf Leinwand
61 cm × 50 cm
Muzeum Sztuki, Łódź

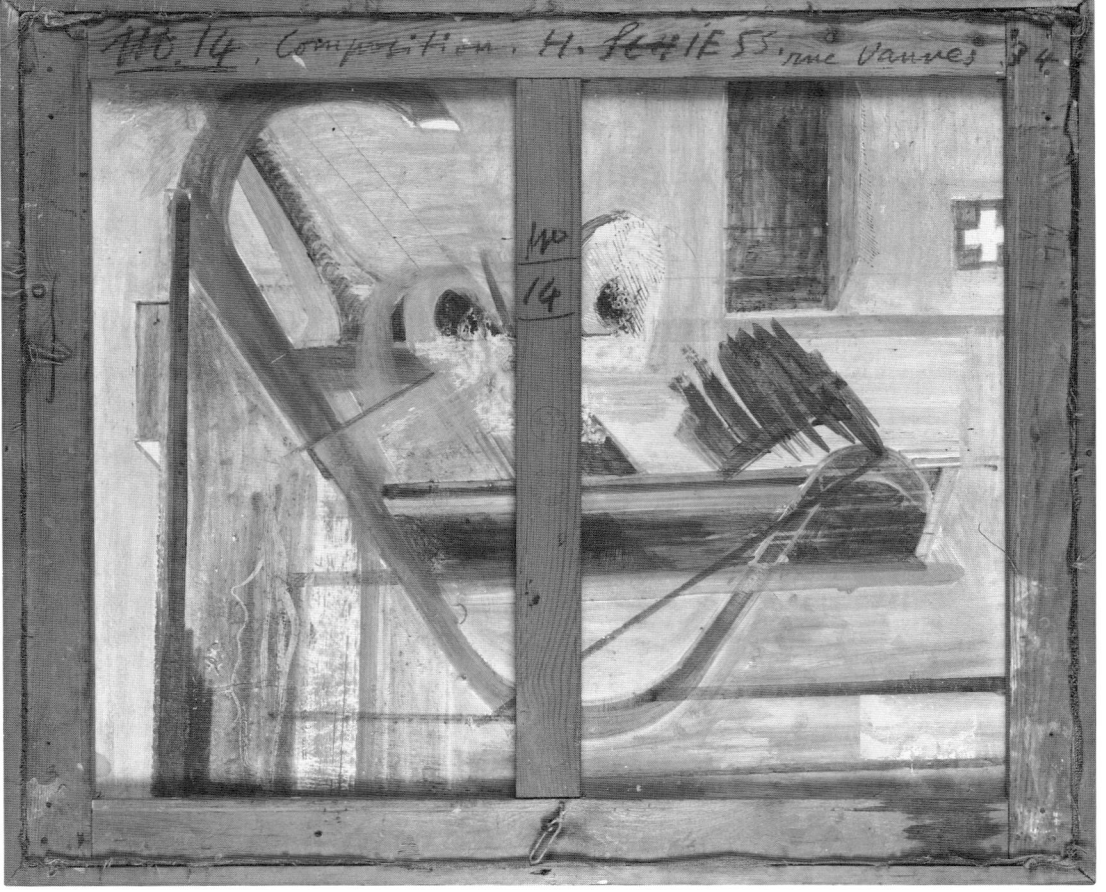

Composition (Vor- und Rückseite)
1934
Öl auf Leinwand
50 cm × 61 cm
Privatbesitz

Bauten und Stern
1934
Gouache auf Papier
ca. 24,5 cm × 32 cm
Privatbesitz

Dame hinter Stuhl
1930
Öl auf Leinwand
54 cm × 65 cm
Privatbesitz

Italienische Landschaft
datiert 1931
Aquarell
40 cm × 40,5 cm
Privatbesitz

Komposition
1933
Öl auf Leinwand
Dimensionen unbekannt
Privatbesitz

Meine Heimat von jeher I
1931
Öl auf Leinwand
65 cm × 50 cm
Privatbesitz

Ohne Titel
(Gemeinschaftsarbeit mit Max Ernst)
um 1933
Aquarell, Bleistift und Ölkreide auf Papier
Sammlung Ch. Schiess-Petermann

Komposition
1931
Öl auf Leinwand
100 cm × 81 cm
Privatbesitz

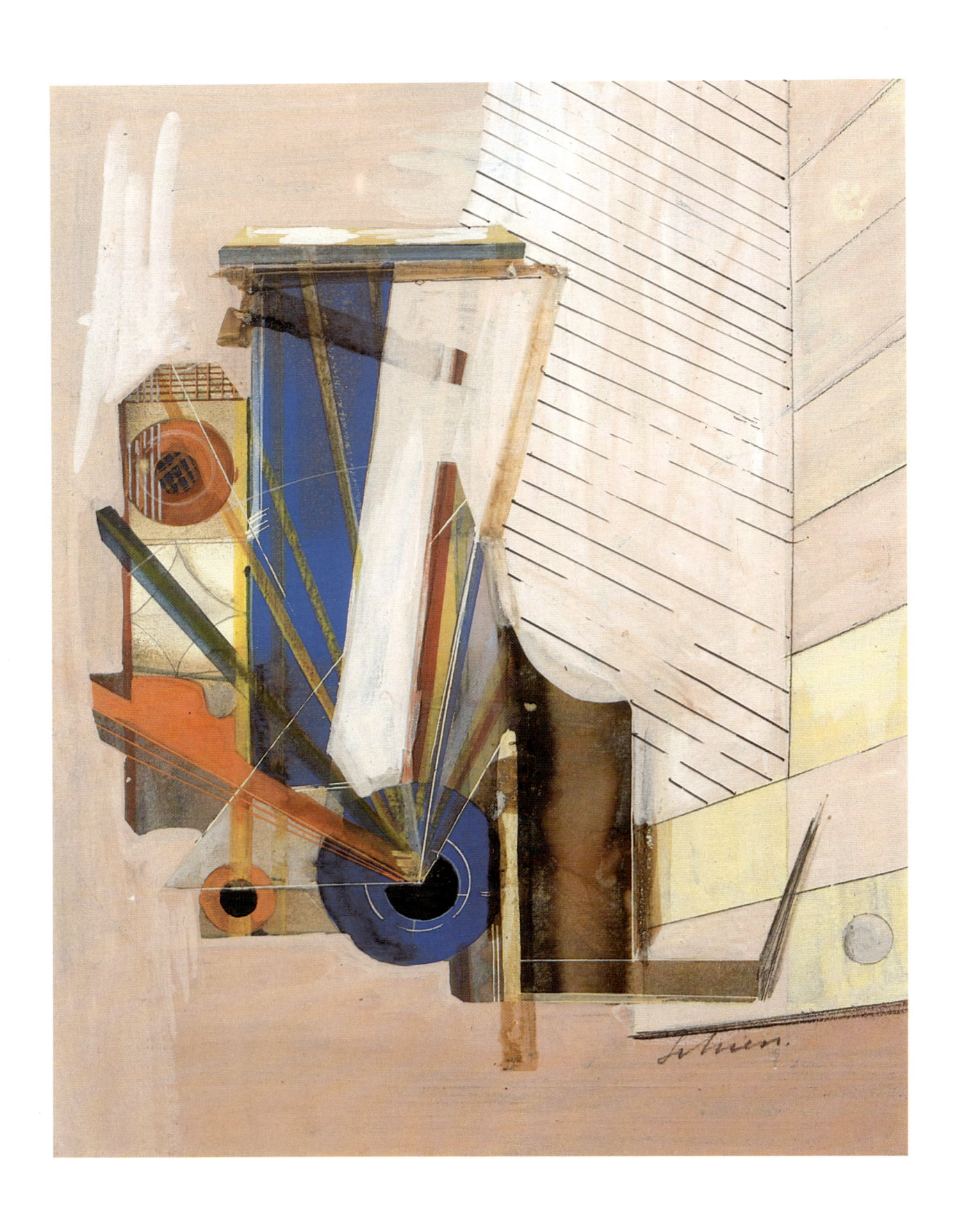

Taubenschlag
um 1931/32
Gouache
31,1 cm × 23,2 cm
Sammlung Ch. Schiess-Petermann

Composition
1932
Öl auf Leinwand
100 cm × 81 cm
Privatbesitz

Ohne Titel
um 1932
Gouache
32,2 cm × 24,5 cm
Privatbesitz

Pigeonnier
1933
Öl auf Leinwand
53 cm × 42,5 cm
Privatbesitz

Goethe in der Campagna
1954
Öl auf Leinwand
75 cm × 115 cm
Privatbesitz

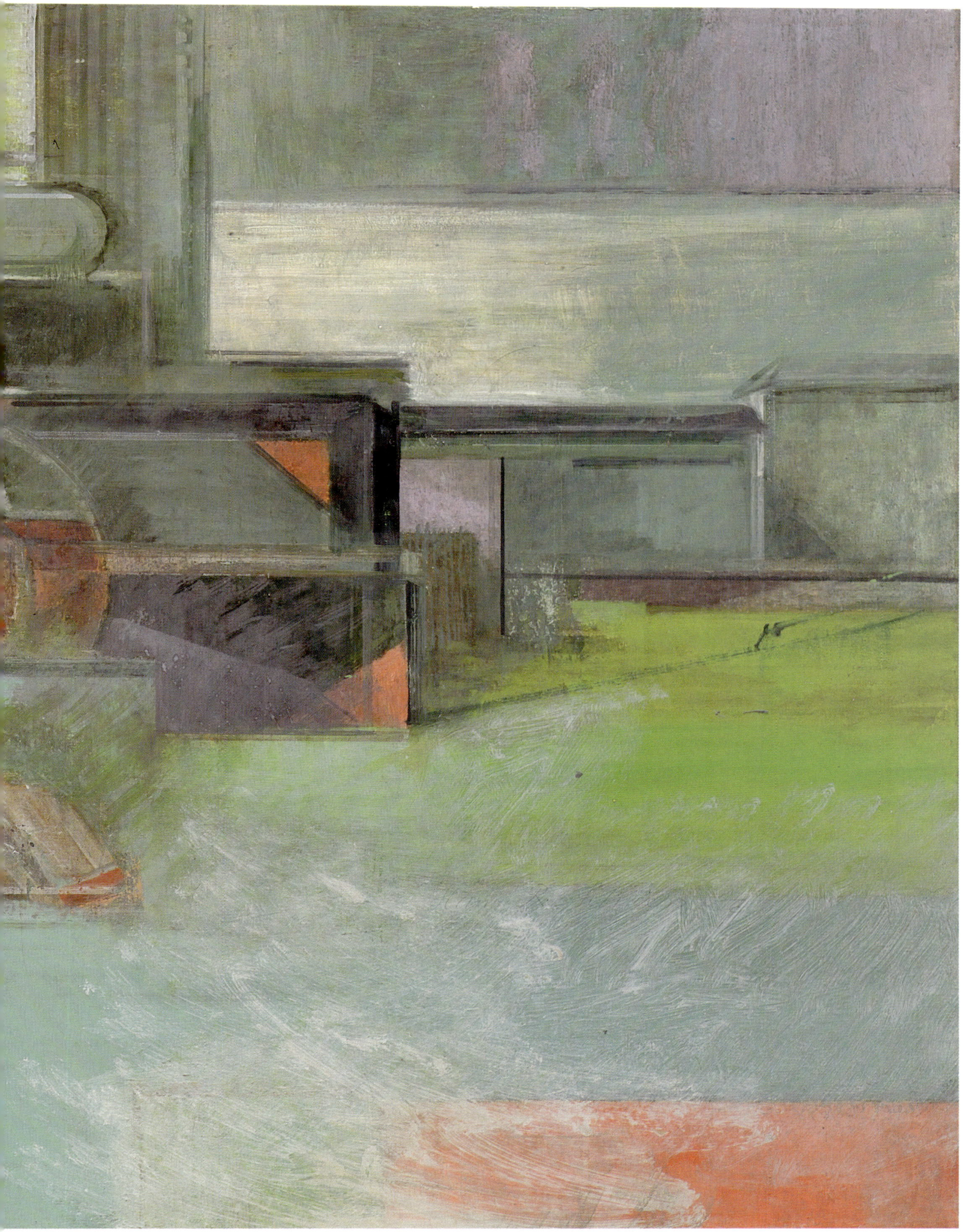

Komposition
1934
Aquarell
23 cm × 26 cm
Staatlicher Kunstkredit Basel-Stadt

Weißer Kreis
1934
Gouache
32,5 cm × 25 cm
Privatbesitz

Kleines Haus
1934
Gouache
22,5 cm × 30,2 cm
Privatbesitz

Konstruktion
1934
Gouache auf Papier
24,5 cm × 32 cm
Privatbesitz

Versteckter Angriff
1934
Gouache
32,3 cm × 25 cm
Privatbesitz

O Wort
1934
Gouache
32,4 cm × 25,2 cm
Staatlicher Kunstkredit Basel-Stadt

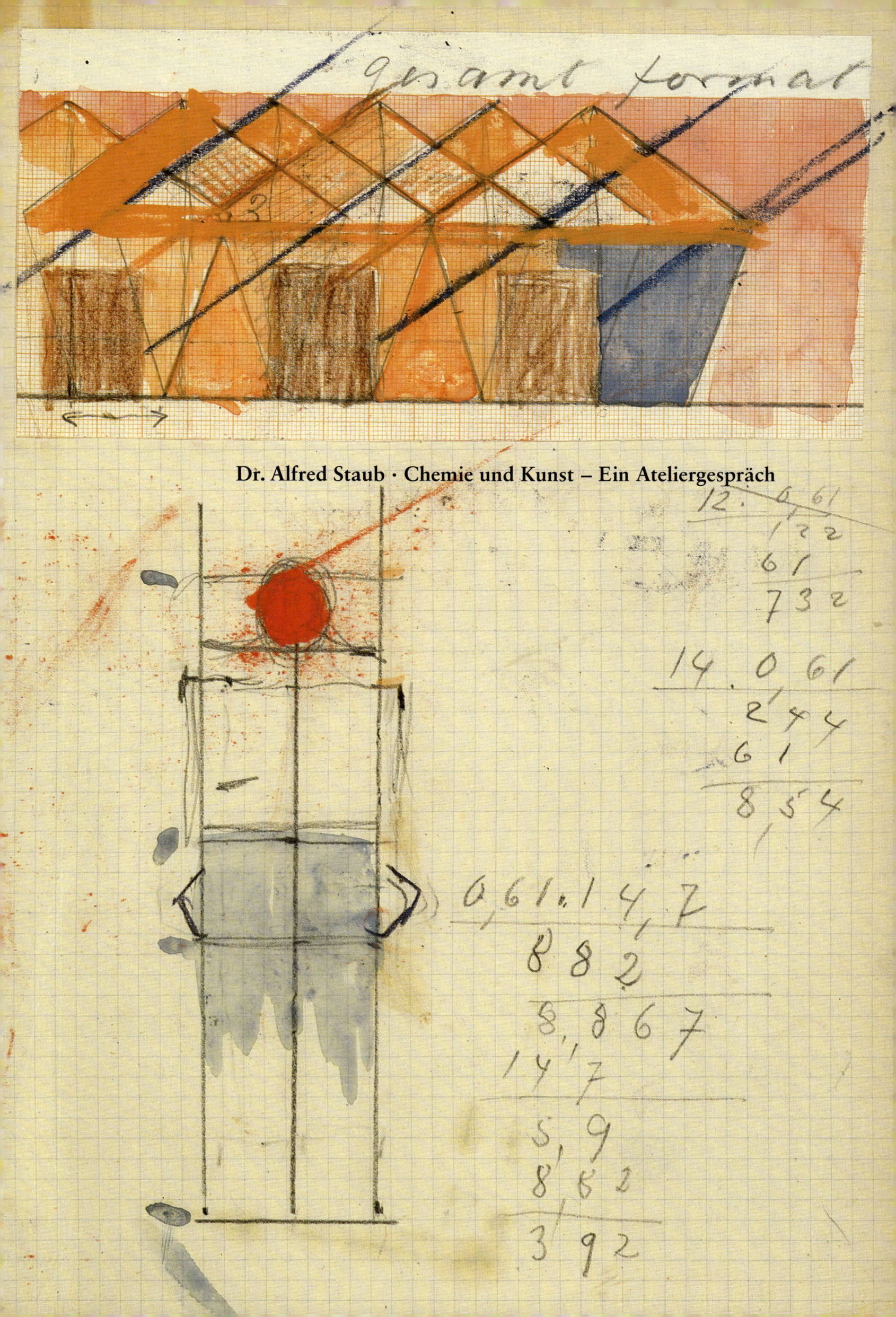

Dr. Alfred Staub · Chemie und Kunst – Ein Ateliergespräch

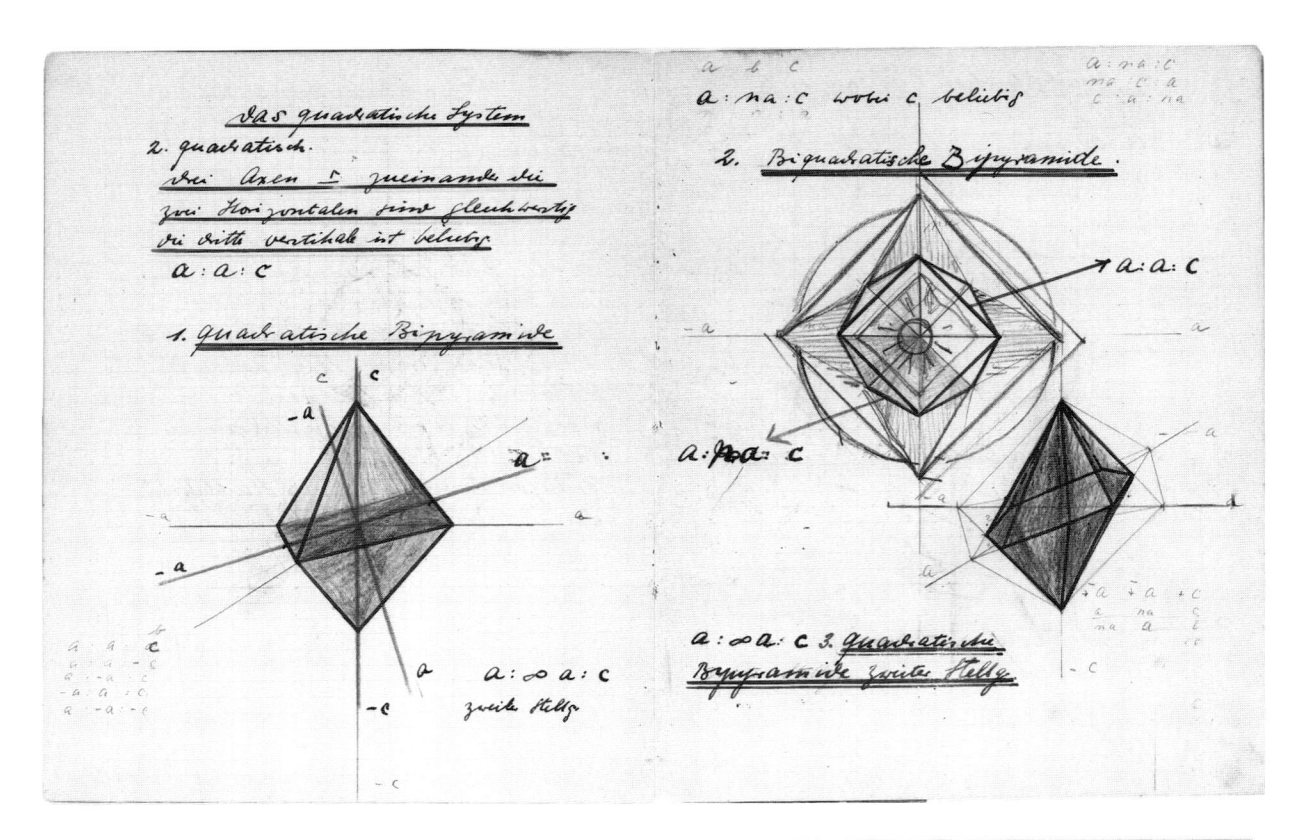

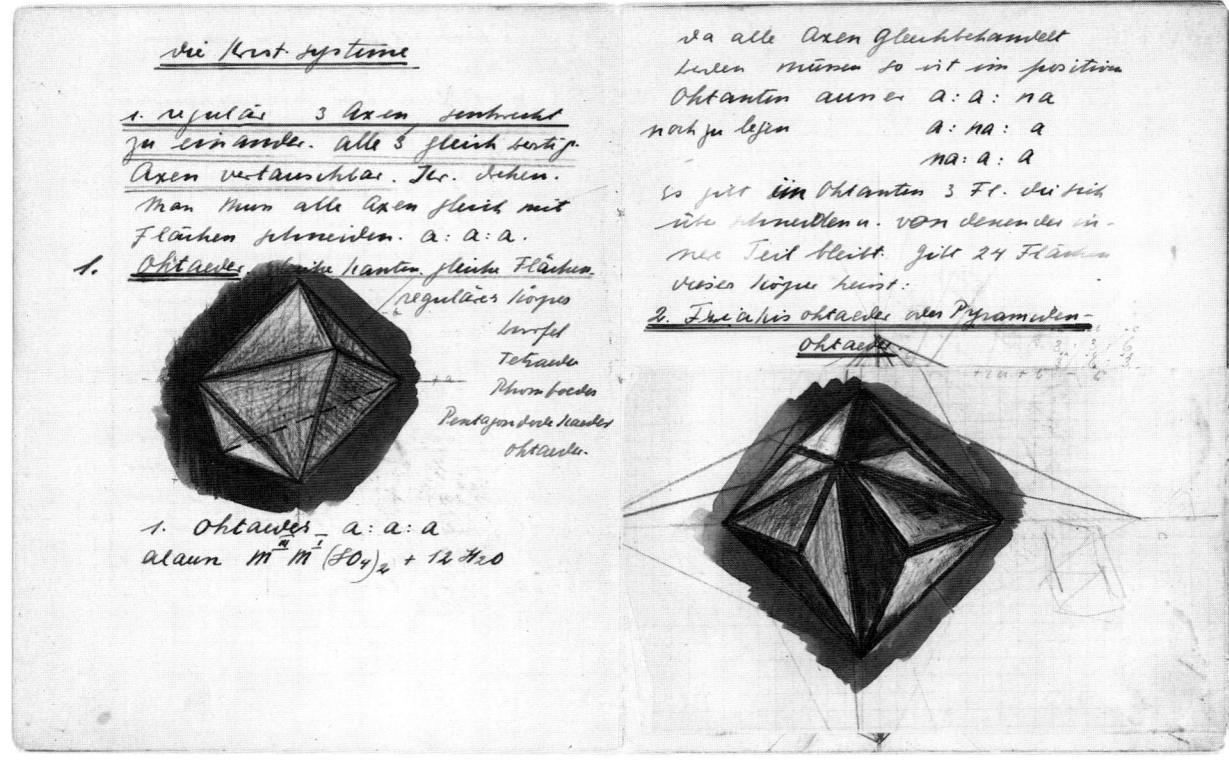

Zwei Doppelseiten aus einem Skizzenbuch
Aquarell, Tinte, Farbstift, Bleistift
22 cm × 35,2 cm
Sammlung Ch. Schiess-Petermann

Chemie und Kunst – Ein Ateliergespräch

Lieber Herr Schiess, es freut mich, einen Blick in Ihr Atelier tun und Sie quasi an der Arbeit sehen zu dürfen. Ich finde Ihre Kunst, Ihre was man so sagt «abstrakte» Formenwelt und Ihre eigenwillige Ausdrucksweise eigentlich gar nicht so schwer verständlich, wenn man nur unvoreingenommen der Sache gegenübertritt und dem Künstler zubilligt oder sogar von ihm erwartet, daß er nicht einfach auf vorgebahnten Wegen wandelt, sondern daß er sich auf seine persönliche Art und Weise mit den Problemen, die ihn beschäftigen, auseinandersetzt und seine Aussagen zu den Fragen, die ihn bedrängen, in eine ihm künstlerisch gemäße Form prägt. Denn diese Probleme sind ja menschliche Probleme schlechthin, und menschlich sind schließlich auch die großen Weltprobleme. Nicht einmal die tote Welt der Steine und Gestirne ist – vom Menschen aus gesehen – problemlos.

Nun, Herr Schiess, ich will Ihnen zunächst sagen, inwiefern mich Ihre Bilder ansprechen und wieso ich von der Chemie, das heißt von meinem Beruf als Chemiker her, einen Zugang zum Verständnis Ihrer, wenn man so sagen will, gegenstandslosen Kunst finde. Schon die Alchemisten waren von den Umwandlungen der stofflichen Materie fasziniert und suchten das Rätsel dieser Umwandlungen, der sogenannten Transmutationen, zu entschleiern. Die moderne Chemie hat sehr viele dieser Umwandlungen durchschaut, und die chemische Technik beherrscht sie. Aber auch der heutige Chemiker steht immer noch und immer wieder unter anderem vor der Aufgabe, den in der Umwandlung neu entstandenen Stoff in seiner Wesenheit zu erkennen, ihn von allem ihm nicht Gemäßen, den Nebenprodukten also, zu trennen, ihn in letzter völliger Reinheit zu isolieren. Da erscheint dann diese Materie – manchmal nach vielem Bemühen erst – in schönen, scharfen Kristallgebilden, aufgebaut nach den vielfältigen Ordnungsgesetzen, die den Kristallen innewohnen. An diesen Kristallisationsprozeß werde ich erinnert, wenn ich Ihre Bilder betrachte. Da ersteht aus zunächst scheinbar regellosen Linien und Flächen irgendwo in einem Zentrum, das nicht Bildmitte zu sein braucht, eine geometrische Figur, ein Fünfeck mit Vorliebe, manchmal auch ein Kreis.

Von diesem Zentrum – «Kristallisationspunkt», wenn ich so sagen darf – aus scheint eine ordnende Kraft zu wirken, die das Ungeordnete in ihren Bann zieht und die Oberhand über das ganze Bild gewinnt. Kurz – es kommt mir beim Betrachten Ihrer Bilder immer zum Bewußtsein, wie das Chaotische vom Ordnungsprinzip überwunden wird, und das erinnert an die Schöpfungsgeschichte, an die Menschwerdung und an die Entwicklung von Natur und Technik. Aber nun sagen Sie mir bitte, Herr Schiess, was Sie in Ihrer Kunst zum Ausdruck bringen wollen, von welchen Prämissen Sie ausgehen, welcher Vorstellungswelt Ihre Figuren entnommen sind.

Lieber Herr Doktor, Sie haben von gegenstandsloser oder abstrakter Malerei gesprochen. Eigentlich ist das nicht ganz richtig oder wenigstens nicht ganz wörtlich zu nehmen. Die gegenständliche Malerei nimmt ihre Motive aus der Umwelt und sucht diese in der «Landschaft», im «Stilleben», im «Portrait» mit naturalistischen oder anderen künstlerischen Mitteln zum Abbild zu bringen. Damit kann man die Schönheit der Welt und des Lebens, wie sie vor dem menschlichen Auge in Erscheinung tritt, besingen oder auch ihre Schattenseiten zum Ausdruck bringen. Andere Gegebenheiten, die auch in den Kreis unserer Existenz, zu unseren Mühen, Zielen und Bestrebungen gehören, verlangen andere künstlerische Mittel. Wie etwa möchten Sie das Dämonische in der Welt, das Rätselhafte unseres Seins, das Schicksal der Weltordnung, die Formkraft natürlichen Wachstums oder die Ordnungskraft mathematischer und physikalischer Gesetze in einem gegenständlichen Bild künstlerisch zur Darstellung bringen? Auch Fragen, die den Maler stark beschäftigen, wie die der Farbe «an sich» oder die der Beziehungen der Farben untereinander, der Farbenharmonie und -disharmonie, lassen sich in Bildern, deren Motive nicht der Natur entnommen sind, besser und freier gestalten.

Gewiß – auch mir scheinen diese Fragen legitime Motive für den Künstler zu sein, denn sie gehören nun einmal zu unserem Sein und Denken und vermögen uns innerlich zu bewegen.

Doch verstehen Sie mich recht! Die abstrakte Kunst umfaßt auch Richtungen und Strömungen, die ich für mein Teil ganz und gar ablehne. So zum Beispiel, wenn etwa aus künstlich provozierten seelischen Stimmungen heraus – fast möchte ich sagen Augenblicksstimmungen oder gar tranceartigen Zuständen – wirre Bildnisse von ungeordneten Linien, Flächen und Farben hingeworfen werden, die recht eigentlich nihilistische Tendenz verraten und jeglichen positiven oder kritischen Gestaltungswillen vermissen lassen. Nach meiner Auffassung trägt der Künstler, der ernst genommen sein will und der sich auch selbst ernst nimmt, eine eminente moralische Verantwortung für seine künstlerischen Aussagen.

Was nun meine Bildmotive betrifft, so haben Sie recht, wenn Sie darin die Spannung zwischen den Ordnungsmächten und den Kräften des Chaos empfinden. Tatsächlich ist ja die Natur und unsere ganze Umwelt, aber auch der Mensch in sich selbst von derartigen, wir dürfen ruhig sagen göttlichen Gestaltungskräften beherrscht. Es ist nicht Willkür und Maßlosigkeit, was wir in Natur und Welt beobachten, vielmehr stoßen wir überall auf Gesetze von Maß- und Zahlwerten und Zahlenverhältnissen. Denken Sie nur an den Ablauf der Zeit, das Pulsieren von Tag und Nacht, den Rhythmus der Jahreszeiten, das Schwingen der Mondphasen. Oder an die von den Gesetzen der Schwerkraft beherrschte und geleitete Welt der Gestirne, an die Sonne und ihre Planeten, deren Umlaufzeiten zur Masse der Sonne und der Sonnenentfernung in bestimmten Verhältnissen stehen. Denken Sie an die Pflanzen und insbesondere die Blüten, deren Aufbau nach bestimmten Zahlverhältnissen, der Zähligkeit geordnet ist: zum Beispiel fünf Kelchblätter, fünf Kronblätter, fünf Staubblätter usw. Auch das Reich der Töne, die Musik, wird von Zahlengesetzen beherrscht, die ihre Harmonien und Disharmonien begründen. Die Oktave, der Tonsprung zur doppelten Schwingungszahl, dazwischen die anderen Verhältniszahlen der Terz, der Quint usw. – in all dem zeigt sich, daß die Zahlen und Zahlenverhältnisse nicht nur quantitative, sondern auch qualitative Werte beinhalten. Die Quart empfinden wir als trotzig und hart, die Terz als weich und melodiös.

Auch der Mensch wächst nach solchen Zahlengesetzen. Da sind die Organpaare der Wahrnehmungssinne: zwei Augen, zwei Ohren. Dann die zweimal fünf Finger, zweimal fünf Zehen: das Dezimalsystem ist daraus hergeleitet. Überhaupt ist die Fünfzahl eine Zahl, die besonders kompakt und inhaltsreich ist, zu welcher der Mensch eine besonders innige Beziehung hat. Fünf Sinne hat der Mensch. Die mittelalterliche Vorstellung vom Aufbau der Materie kannte vier Elemente – Feuer, Erde, Wasser, Luft – und suchte nach dem fünften Element, der «Quintessenz», dem Stein der Weisen, mit dessen Hilfe man die stofflichen Umwandlungen zu bewerkstelligen hoffte. Die Fünfzahl findet im Fünfeck ihren geometrischen Ausdruck. Das Fünfeck hat fünf gleichwertige Diagonalen, die sich im Verhältnis des «Goldenen Schnittes», einem besonders harmonischen Verhältnis, kreuzen und selbst wieder ein eingeschriebenes verkleinertes Fünfeck ergeben. Im Fünfeck sind auch die Proportionen des menschlichen Körperbaues enthalten.

Der Mensch hat diese Zahlengesetze wohl immer erfühlt und erahnt und sich damit in Beziehung stehend empfunden. Die Dreizahl zum Beispiel hat eine besondere, man darf sagen heilige Bedeutung, wie sie in der Dreieinigkeit oder Dreifaltigkeit Gottes der christlichen Religion zum Ausdruck kommt. Die Sieben ist eine besonders mystische und geheimnisvolle Zahl. Sieben Tage hat die Woche. Ich erinnere Sie an das Gleichnis von den sieben fetten und sieben mageren Kühen oder an die sieben Weltwunder. Und wie oft kommt die Sieben in der Märchenwelt vor: sieben Zwerge, sieben Geißlein, sieben Raben. Ich kann diesen Zahlengesetzen übrigens ein ganz gewichtiges, wenn auch für den Laien verborgenes Beispiel aus der Natur anfügen. Das ist der Aufbau der Materie aus Atomkern und Elektronen, der nach bestimmten einfachen Zahlenverhältnissen und Periodizitäten geordnet ist. In besonders eklatanter Weise kommt dieser periodische Aufbau in der Chemie zur Auswirkung, wo er im Begriff der Wertigkeit oder Valenz grundlegende Bedeutung hat und sich in wesentlichen Eigenschaften der Elemente widerspiegelt.

Da sind Elemente wie die Halogene, die eins-, drei-, fünf- oder siebenwertig sind, das heißt, sich nach diesen Zahlenverhältnissen mit anderen Elementen verbinden. Viele Metalle sind zwei-, vier- oder sechswertig; die Edelmetalle sind achtwertig.

Ich glaube nun auch zu verstehen, weshalb das Fünfeck in Ihrer Malerei so große Bedeutung hat. Es steht da wohl als Symbol, als Symbol für den Menschen und seine Beziehung zur Schöpfung, das heißt seine Beziehung als Geschöpf zum Schöpfer.

Gewiß dürfen Sie darin auch ein religiöses Symbol und Motiv erblicken – und mehr als in diesem allgemeinen Sinne. Dieses Symbol des Sieges der Ordnung über das Chaos, wie Sie es genannt haben, ist auch das Symbol für die Offenbarung des göttlichen Retterwillens, wie er sich im irdisch-menschlichen Leben von Jesus allen Menschen gezeigt hat.

Und der Kreis? Ist der nicht auch ein Symbol für den Menschen oder das Sinnbild für einen Zugang zum Verständnis des Menschen? Der erste Kreis, den der Mensch jemals gesehen hat, ist das Auge des Mitmenschen, der Mutter zuerst, wenn man vom zufälligen Naturspiel des Regenbogens oder des Wellenkreises eines ins Wasser geworfenen Steines oder von der Sonnen- und Mondscheibe absieht. Das Auge – der Kreis also – wird als Spiegel und Ausdruck der Seele bezeichnet. Als geometrische Figur ist der Kreis das Ideal einer harmonisch geschlossenen Linie, die mit dem geringsten Umfang den größtmöglichen Inhalt umfaßt. Er ist Anfang und Ende. Er ist Ewigkeit. Er ist – wenn ich so sagen darf – Symbol einer moralischen Größe, eines Ideals, eines Solls. Ist es ungefähr in dieser Richtung, in welcher der Kreis in Ihrer Malerei steht, Herr Schiess?

Ja, so ungefähr. – Sie sagen, das Auge sei der Spiegel der Seele. Sie müssen ergänzend sagen, die Seele sei das Göttliche im Menschen, dann haben Sie die genaue Bedeutung des Kreises. Die Erdscheibe, die Sonne, die menschliche Seele, das Auge sind Schöpfungen Gottes, sind Wesensreiche in denen Gott wohnt. Der Kreis ist das Symbol der Einheit, die Einheit ist Gott. Der Kreis, die Mandala der Inder, ist auch der Weg zu Gott, die Erlösung. Wir sind da schon fast ins Philosophische abgeschwenkt. Wenn diese Gedanken, die wir ausgetauscht haben, nicht gerade handgreiflich und augenfällig aus ihren Bildern springen, so spürt man sie doch irgendwie beim Betrachten und wird davon beeindruckt.

Es ist nach meiner Auffassung nicht nur Aufgabe des Künstlers, die

Natur abzubilden – das kann der Photograph heute besser – sondern die Natur und was dahinter steht, die Schöpfung, darzustellen. Er kann sich dieser Aufgabe zwar auch mit den Mitteln, die er der Natur entnimmt, der Farbe zum Beispiel, entledigen, aber sein Wille ist, über die bloße Natur hinaus zum Wesenhaften vorzudringen. In der Schöpfung ist die Zahl nicht nur zählende Quantität, sondern auch Qualitas, gestaltendes Prinzip. In der göttlichen Schöpfung offenbart sich uns der Schöpferwille nicht nur in den materiellen Dingen, den Gegenständen, sondern ebenso in der Farbe, im Rhythmus, im Ton, in der Zahl. Der Künstler darf sich auch dieser Mittel bedienen, um seine Bilder zu gestalten, seine Aussagen zu machen. Wie er mit diesen Mitteln umgeht, kalte und warme Farbtöne verteilt, Flächen und Linien untereinander abwägt, um nebst aller tieferen Zielsetzung und Sinngebung auch zu einer ansprechenden ästhetischen Wirkung zu gelangen, was ja immer auch Hauptanliegen der bildenden Kunst ist, das ist selbstverständlich die höchstpersönliche Angelegenheit des Künstlers und macht seinen Stil aus.

Ich möchte Ihnen zum Abschluß noch einen Gedanken mitgeben, den ich bei Titus Burckhardt in seinem Buch «Vom Wesen heiliger Kunst» gefunden habe: Heilige Kunst erlöst aus der Individualität und Egozentrizität und führt aus der Ichgebundenheit zurück in die allgöttliche Gegenwart der Liebe.

Das ist, was auch ich mit meiner Kunst zu geben versuche.

A. Staub

Landschaft
1977
Öl auf Leinwand
35 cm × 85 cm
Privatbesitz

Ohne Titel
1933
Öl auf Leinwand
96,5 cm × 75 cm
Privatbesitz

Entwurf Vogel Gryff
1939/40
Bleistift und Gouache auf Papier
23,5 cm × 20,5 cm
Privatbesitz

Schwarzwald
um 1970
Ölkreide auf Papier
26,8 cm × 36,5 cm
Sammlung Ch. Schiess-Petermann

Ohne Titel
um 1925
Ölkreide auf Papier
50,3 cm × 53,2 cm
Sammlung Ch. Schiess-Petermann

Gras 2
1939
Aquarell
28,5 cm × 22,4 cm
Sammlung Ch. Schiess-Petermann

Ohne Titel
um 1940
Aquarell
37 cm × 24,5 cm
Privatbesitz

Ohne Titel
um 1940
Aquarell
25 cm × 36,5 cm
Privatbesitz

Ohne Titel
undatiert
Öl auf Leinwand
50 cm × 75 cm
Privatbesitz

Samuel Buri · Rede Herr, Dein Knecht hört

Rede Herr, Dein Knecht hört
um 1965
Öl auf Holz
25,5 cm × 24 cm
Privatbesitz

Rede Herr, Dein Knecht hört (1. Samuel 3, 9–10)

Es sind 30 Jahre her, daß ich mit H. R. Schiess eine höchst merkwürdige Begegnung hatte. Ich habe sie selten jemandem erzählt, mußte aber oft daran zurückdenken. Was mir davon im Gedächtnis haftengeblieben ist, sei hier erzählt.

Es war am Anfang des Jahres 1957 in Basel. Vom Bahnhof kommend strebte ich über den Aeschenplatz dem väterlichen Hause zu. Von der Nationalzeitung kam H. R. Schiess geschritten. Wir kannten uns nur vom Angesicht. Mitten im Gewirr der Tramgeleise kreuzten sich unsere Wege. Der Ältere sprach mich an, vergewisserte sich über meine Identität und fand lobende Worte für ein Neujahrsblatt, welches ich für den Basler Kunstverein entworfen hatte; eine abstrakte, fleckige Komposition (Tachismus war Mode) in reinen Spektralfarben, wenig Grau unvermischt danebengesetzt, welches H. R. Schiess besonders zu schätzen wußte. (Das mich heute recht konventionell anmutende Blatt hat immerhin eine rege Diskussion veranlaßt und zu einigen Austritten aus dem Kunstverein geführt.) Ob ich Goethes Farbenlehre kenne, wollte der Maler wissen. Auf mein Verneinen lud er mich recht pressant und ohne mir eine Gelegenheit zur Widerrede oder Aufschub zu gewähren zu einer sofortigen Lektion in sein Atelier ein.

Er kehrte zurück von wo er hergekommen war; ich folgte ihm. An der Hardstraße bogen wir bei der Steindruckerei Wassermann links ab. Von einer heute verschwundenen Gellertvilla war dort ein Ecklein mit einigen Parkbäumen stehengeblieben. Darunter moderte ein Holzhäuschen still vor sich hin – Mischung zwischen Gartenpavillon und Geräteschuppen. An den tiefhängenden Zweigen der ungeschnittenen exotischen Nadelbäume lehnten bemalte Leinwände auf ihren Holzrahmen in der kalten Luft. Wohl um die Werke am Werden und Vergehen der Natur physisch teilnehmen zu lassen. So habe ich mir später die Freilichtkur von Ölbildern im Schatten der Bäume erklärt. Wir traten in den spärlich erleuchteten Raum. Ein Eisenöfelein vermochte die Kälte nicht zu vertreiben.

Rundherum feierte die immer wieder bestechende Eigenart der künstlerischen Unordnung bohèmehafte Urstände. An den Wänden hängende Winkel und Zirkel, Pentagramm und stereometrische Körper deuteten auf die Suche nach Ordnung und Regeln in der Schöpfung hin. Farbe in allen möglichen Zuständen von matt bis firnisiert, von pastos bis transparent, flächig bis wolkig angelegt bedeckten viele Tafeln und Leinwände. Wie provisorisch aufgetragen und stehengelassen, wohl um zum Unaussprechbaren nichts Abschließendes gesagt zu haben. Noch sehe ich vor mir den dramatischen Lichteinfall aus einer Dachluke auf allseitig in den Raum weisende lichtbrechende Kanten. Wie das Dekor eines Laboratoriums, die Versuchswerkstatt eines besessenen Forschers aus einem deutschen Stummfilm ist mir der Raum in der Erinnerung geblieben.

Auf einen Stuhl gebeten bestand zu meinem immer größer werdenden Erstaunen mein erstes Exercitium in der lauten Lektüre eines Psalmes aus einer großen, altertümlichen Bibel. Danach machte sich der Meister ans Erklären und Veranschaulichen von Goethes Farbentheorie. Alle notwendigen Hilfsmittel waren griffbereit, die schwarze Schachtel mit dem kleinen Loch, das Kerzlein und vor allem das Prisma, Fundament der Lehre. Diese wurde im Sinne Goethes nicht nur erklärt, sondern sinnlich nachvollzogen. Die Lektion war in ihrer unerwarteten und pittoresken Form so eindrücklich, daß ich sie nie vergessen habe. Nach allerlei Betrachtungen und Ratschlägen über Composition, Malmaterial (er schwärmte von großen Bildern mit Aquarellfarbe) und dem Vorzeigen von vielen Maltafeln, welche immer gleichzeitig in Behandlung waren, ging die Einführungsstunde plötzlich zu Ende. In barschem Ton wurde ich verabschiedet. Nicht ohne daß H.R. Schiess von mir ganz unverhofft die Bezahlung der Lektion gefordert hätte. Verlegen mußte ich gestehen, die geforderte bescheidene Summe nicht auf mir zu tragen. Dies löste einen Zornausbruch des Meisters aus. Was ich eigentlich meine, Wissen sei nicht gratis und ähnliches. Unter dem Eindruck der plötzlichen Wendung der Dinge zog ich von dannen, bereichert um eine menschliche und künstlerische Erfahrung. Das Lehrer-Schüler-Verhältnis war so in einem gleichnishaften Akt in konzentrierter Form psychodramatisch durchgespielt worden. Weitere Lektionen erübrigten sich. Er hatte den wissenden und ungenügend gewürdigten Meister dargestellt, ich war der gedemütigte Schüler ein für allemal.

Es entspann sich aber in der Folge ein anregendes und lockeres Verhältnis zwischen uns, welches mich vieles über seine Kunst- und Lebensanschauung erfahren ließ. Er hat mir ein bemaltes Holztäfelchen geschenkt. Auf einer Seite ein Stück Palette, krustig angeteigte Pulverfarbe auf altmeisterlichem Bolusgrund, auf der andern Seite, der signierten, auf reichem beigefarbigem Grund mit geometrischer Einteilung eine schablonierte Gliederpuppe mit aufgestütztem, demütig horchendem Kopf, eine Figur, die häufig im Spätwerk auftaucht. Die Serie wurde vom Künstler «Rede Herr, Dein Knecht hört» benannt. Im Zusammenhang mit meinem Erlebnis ein vielsagender Titel; der gläubige H.R. Schiess hat sich wohl mit dem Knecht selbst gemeint, dem Herrn lauschend. Das Bild hängt seit langem an meinem Alkoven. Auch ich habe mich mit dem Strichmännchen identifiziert: Aber lauscht es nun dem H.R. oder dem HeRrn? Sicher ist nur, daß es der Prophet Samuel ist.

Samuel Buri

Rede Herr, Dein Knecht hört
1958
Öl auf Pavatex
25 cm × 35,5 cm
Sammlung Ch. Schiess-Petermann

Rede Herr, Dein Knecht hört
1959
Öl auf Leinwand
25 cm × 36 cm
Privatbesitz

Rede Herr, Dein Knecht hört
1974
Öl auf Leinwand
41 cm × 33 cm
Sammlung Ch. Schiess-Petermann

Konstruktion
1942
Öl auf Pavatex
96 cm × 112 cm
Privatbesitz

Ohne Titel
1944
Gouache und Collage auf Karton
25,1 cm × 34,2 cm
Privatbesitz

Landschaft mit Säule
1949
Tempera und Collage gefirnißt
28 cm × 37 cm
Staatlicher Kunstkredit Basel-Stadt

Bekömmliche Herkunft
1945
Tempera auf Papier
ca. 23,5 cm × 33 cm
Öffentliche Kunstsammlung Basel

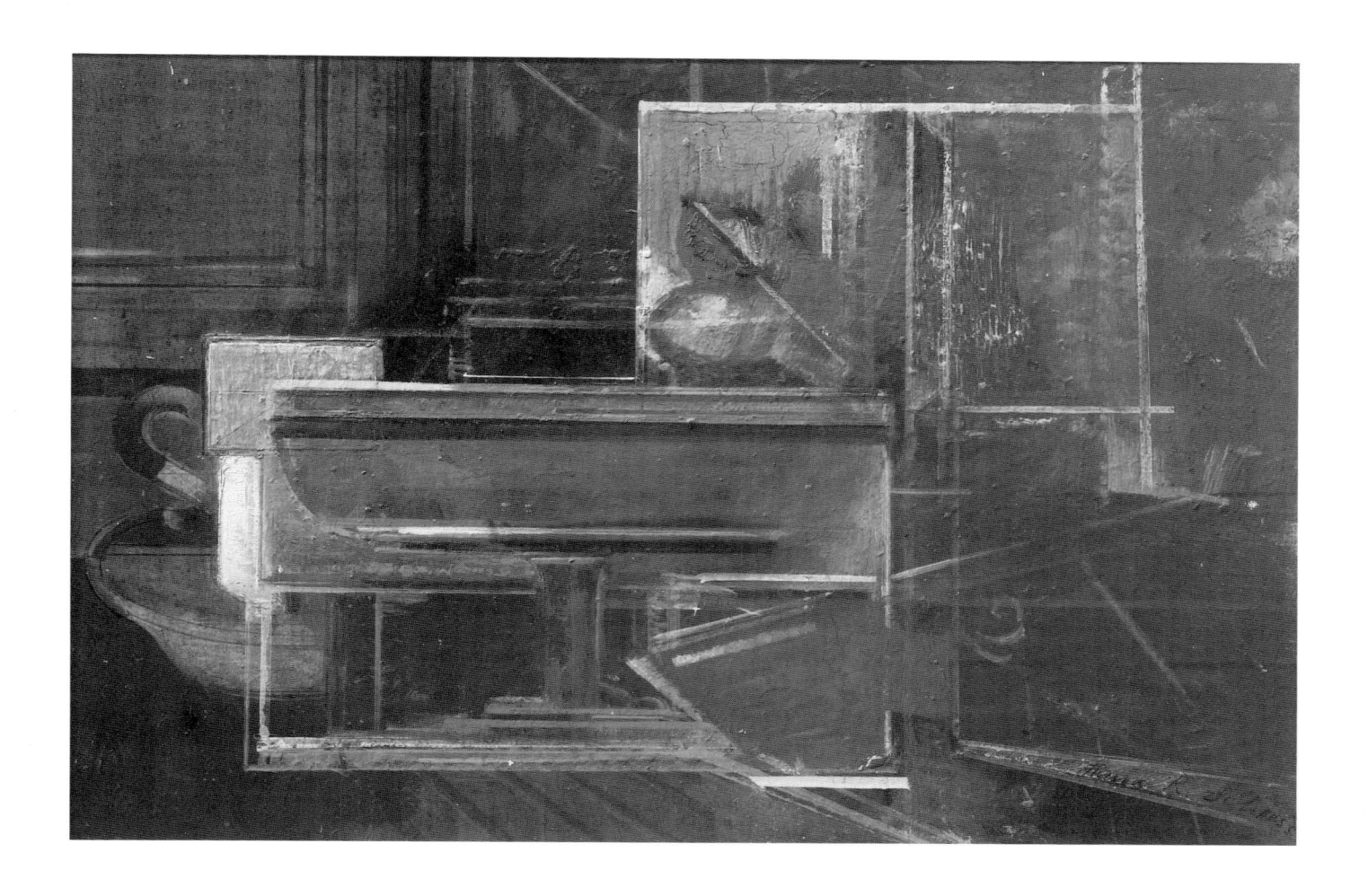

Die Fruchtschale
1953
Öl und Tempera auf Karton
40 cm × 60 cm
Emanuel Hoffmann-Stiftung
Kunstmuseum Basel

Portrait Patricia Schiess
1953
Öl auf Leinwand
45,5 cm × 70,5 cm
Staatlicher Kunstkredit Basel-Stadt

Portrait
1952
Öl auf Karton
48,9 cm × 61,8 cm
Staatlicher Kunstkredit Basel-Stadt

Stilleben mit Früchteschale
1955
Öl und Tempera auf Leinwand
52,5 cm × 68,5 cm
Staatlicher Kunstkredit Basel-Stadt

Professor B.
um 1950
Ölkreide auf Papier
23,2 cm × 17,1 cm
Privatbesitz

H. R. Schiess · Texte

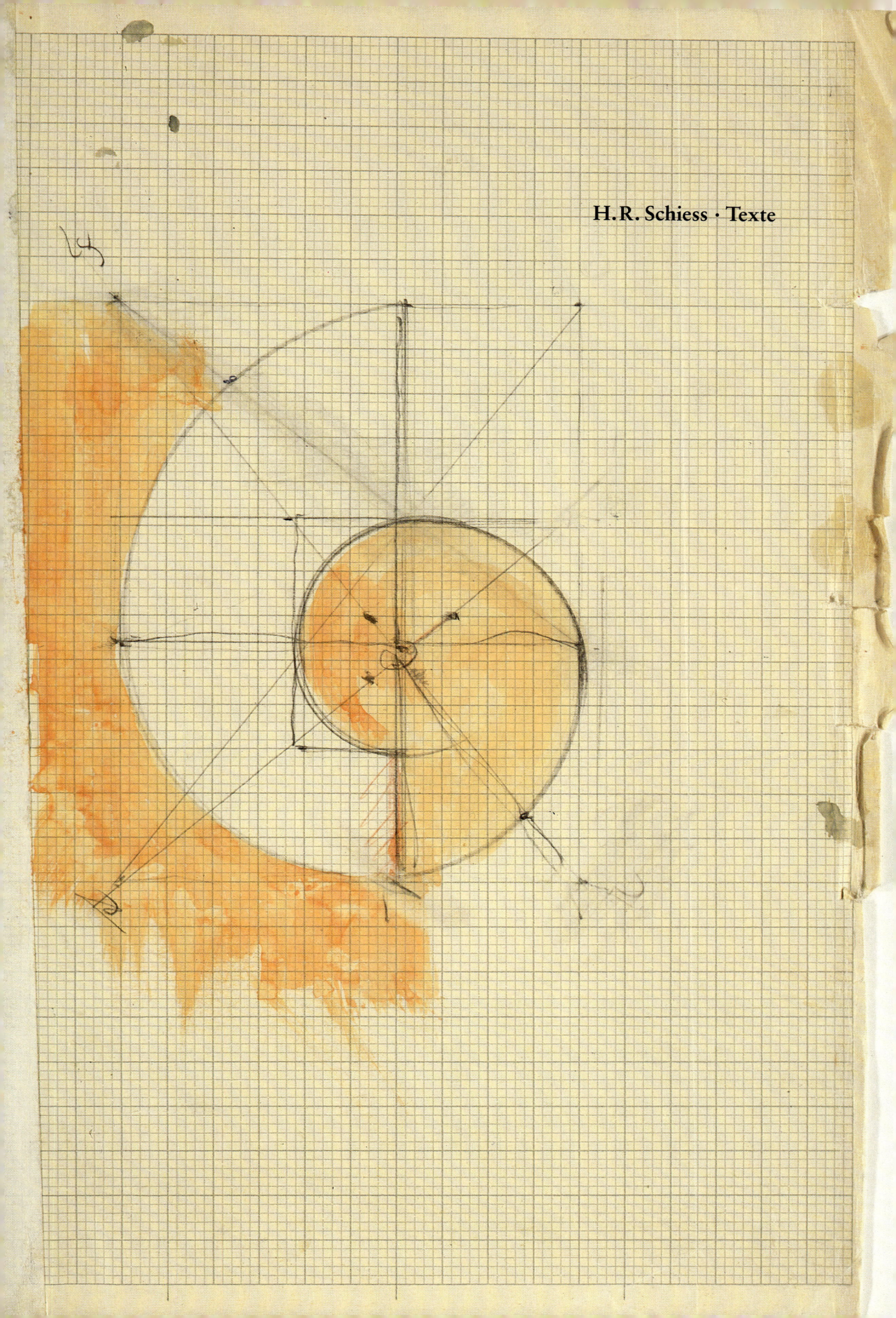

Ohne Titel
1973
Öl auf Leinwand
40 cm × 30 cm
Privatbesitz

Über abstrakte Kunst

Die Zeichnungskunst ahmt durch Züge mit der Feder, der Kreide oder dem Pinsel die Gestalt der Gegenstände nach, die uns die Natur darbietet.
Comenius († 1672): Der Maler

Jahrhundertelang hat sich die Malerei mehr oder weniger im Rahmen der Definition des Comenius abgespielt, und sicher sind die meisten Besucher dieser Ausstellung unbewußt vielleicht noch in jener Maxime verankert, daß Malerei Gegenstände und Formen der Natur darzustellen, eventuell nach Temperament und Geist des Malers künstlerisch zu gestalten habe. Ja man kann ruhig sagen, daß ein Großteil heutiger Malerei sich noch immer um den Kontrapunkt Natur dreht und aus ihr ohne große Umwege zu einer Bildform zu kommen sucht.

Andern aber, und im speziellen den Künstlern dieser Ausstellung, ist das Ziel ihrer Kunst längst nicht mehr, «mittels der Feder oder des Pinsels die Gegenstände der Natur nachzuahmen».

Sie haben angefangen, unabhängig von der Natur die Gesetze einer Bildform zu studieren, die von der Fläche ausgeht, haben Ausdrucksmöglichkeiten gefunden und eine Formensprache, die vielleicht nicht ohne weiteres deutbar, sicher aber nicht als Darstellung oder Umsetzung von uns umgebenden Objekten gewertet sein kann. Diese Kunst hat den schon seit 20 Jahren geweiteten Begriff «Malerei» noch mehr ausgedehnt, das Formale, die Dynamik und den Aufbau der Formen noch weiter in den Vordergrund gerückt. Hier ist Malerei um ihrer selbst und nicht um eines Stillebens, einer Landschaft oder einer Anekdote willen.

Unsere Zeit hat eine Umgestaltung und einen Zerfall von geistigen und ökonomischen Werten gekannt wie vielleicht keine zuvor. Wenn der heutige Künstler aus der Relativität seiner Umgebung flieht, so ist es in erster Linie aus dem Bedürfnis, über sich selbst, über die Natur und über diesen Zerfall hinaus eine Form zu finden, die feststeht und nicht dem Wechsel oder dem lyrischen Zufall unterliegt.

In der Schweiz ist man leicht geneigt, ein reiches kulturelles Erbgut nicht als Fundament zu Neuem, sondern als Schutzmauer gegen irgendeine neue Problematik zu benützen. So wird der direkte Zugang, ja – oft überhaupt die Möglichkeit, Neues zu assimilieren und mit der Zeit zu gehen, abgeschnitten.

H. R. Schiess

Nichtimwinkel
datiert 1956 und 1971
Öl und Gouache auf Papier auf Pavatex
37 cm × 27,5 cm
Privatbesitz

Schiess über Schiess

Ausgangspunkt für jegliche bildnerische Gestaltung ist das Bedürfnis, die Welt zu verbessern oder aus der Welt in ein Refugium privater Sphäre zu fliehen. Dabei hat sich speziell in der Malerei gezeigt, daß «Bild» oft mit «Abbildung» verwechselt wird. Das Bild hat eine Ausstrahlung, welche ganze Generationen von Menschen innerlich ausstaffiert hat.

Im 20. Jahrhundert verdeutlichte sich malerisches Gestalten zu einem traditionell esoterischen Programm. Man könnte dies so sagen: Was in dieser Welt je noch geschehen kann oder wird, ist vom Messen, dem Werten, dem Zählen im banalen und im höheren Sinne abhängig. Ja, es ist dies Durch-die-Zahl-Bestimmtsein ein derart unabänderliches und höheres Schicksal, daß, sobald man sich dieser Abhängigkeit bewußt wird, das Staunen über diese schicksalsschwere Prägnanz der Zahl nicht mehr aufhören kann. Das Maß meiner Schritte, die Anzahl Haare auf meinem Kopf, die Telephonnummer, mein Jahrestag, meine Vermögensverhältnisse, alles läßt sich oder vielmehr muß sich zwangsmäßig auf eine höhere Ordnung durch die Zahl beziehen. So heißt es in der Bibel (Hiob): «Wer hat das Meer mit einem Eimer...»

So sind die Maße unseres Fußes, die Handbreite unseres Schicksals, auch der Rhythmus des Jahres, der Mondwechsel, die Anzahl unserer Schritte alle gezählt. Und aus diesem «In-die-Zahl-eingebettet-Sein» ergibt sich der täglich wiederholte Übergang vom Chaotisch-Ungezählten zum Geordneten und Gezählten, Disziplinierten, Gestalteten, Unumstößlichen, Bildmäßigen.

Wenn es nun erlaubt ist, dieses Unsichtbare der Zahl im Sichtbaren zu zeigen, dann fällt das Wort «abstrakt», was im Grunde nichts anderes heißen will als eine Verdeutlichung des Gesetzmäßigen im Bild. Hier ergeben sich zwei Richtungen: die chaotisch-ungeordnete des «Tachismus» und die streng lineare, zahlbehaftete Geometrie des Ornaments. Dieses gliedert sich – wie alles in dieser Welt – in das Urgesetz der Schöpfung: die Zweiteilung, die Polarität, die Gegensätzlichkeit. «Polarität» ist die Grundlage aller manifesten Impulse, weil der Mensch – in Gegensätze eingespannt – sich hinsehnt zu ihrer Überwindung in die Harmonie zu Gott.

Daraus ergibt sich das Scriptum des modernen Bildes, wie es sich «Schiess über Schiess» vorstellt und erstrebt:

Der Schrebergarten

Nur wer in einem Verein ist, kann zum Mieter eines Schrebergartens werden. Ein viereckiges Areal vorbestimmter Größe, an Hanglage, vielleicht an einer Böschung unter großen beschattenden Bäumen oder frei gelegen; vielleicht an einem Eisenbahndamm oder in der Nähe eines nicht mehr benützten Friedhofes, mit einem in Ölfarbe gestrichenen Häuschen vorgeschriebener Größe mit einer Rasenbank, einem Windschutz (sofern das Gelände dem Nordwind ausgesetzt ist), mit nach Zahl geordneten Beeten durchfurcht, mit Dahlien, Rübli, Zwiebeln und Lauch bepflanzt, so ist der Schrebergarten genau der Apostroph zum modernen Bild.

  Warum denn das? Weil das Maschenwerk von verschiedenem Grün, von verschiedenem Braun des neu umgegrabenen Bodens, das Staccato des Staketenzauns, der weichlich eingebettete Zementsockel, die trübselig vergessene Gießkanne, weil das alles genügt, um dem heute so seltenen beschaulich Spazierenden (Schiess über Schiess) eine Augenweide zu bieten und ihn zu beglücken.

H. R. Schiess
Durchsicht: A. Zschokke

Ohne Titel
um 1935
Öl auf Leinwand
59,5 cm × 91,5 cm
Sammlung Ch. Schiess-Petermann

Portrait Patricia
1957
Öl auf Pavatex
47 cm × 21 cm
Privatbesitz

Ohne Titel, 1961
Öl auf Leinwand
81 cm × 120 cm
Privatbesitz

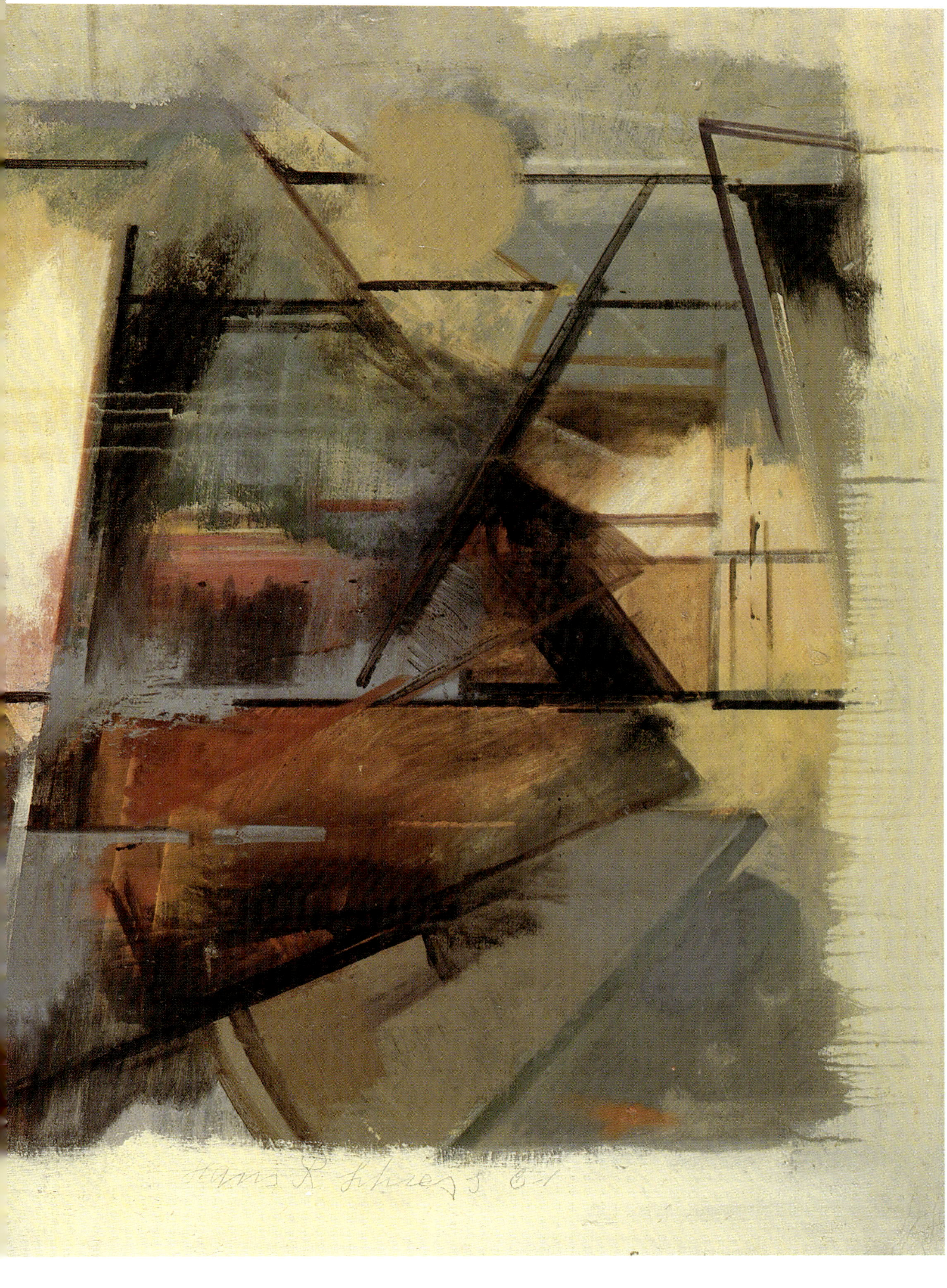

Das Auge Boreak
1958
Öl auf Leinwand auf Karton
35,8 cm × 49,8 cm
Privatbesitz

Ohne Titel
1959
Öl auf Sperrholz
50 cm × 92 cm
Privatbesitz

Ohne Titel, 1951
Öl auf Karton
53,5 cm × 37,4 cm
Privatbesitz

Die Blume
1953
Öl auf Karton
74 cm × 69 cm
Privatbesitz

L'envol
1959
Öl auf Papier auf Karton
86,5 cm × 46 cm
Staatlicher Kunstkredit Basel-Stadt

Ohne Titel
1959
Öl auf Leinwand
65 cm × 40 cm
Sammlung Ch. Schiess-Petermann

Das Alpha und das Omega
1953
Öl auf Pavatex
29,2 cm × 24 cm
Privatbesitz

Ohne Titel
1954
Öl auf Leinwand
70,5 cm × 116,5 cm
Sammlung PAX-Leben, Basel

Ohne Titel
datiert 1959 und 1961
Öl auf Pavatex
28,5 cm × 40,2 cm
Privatbesitz

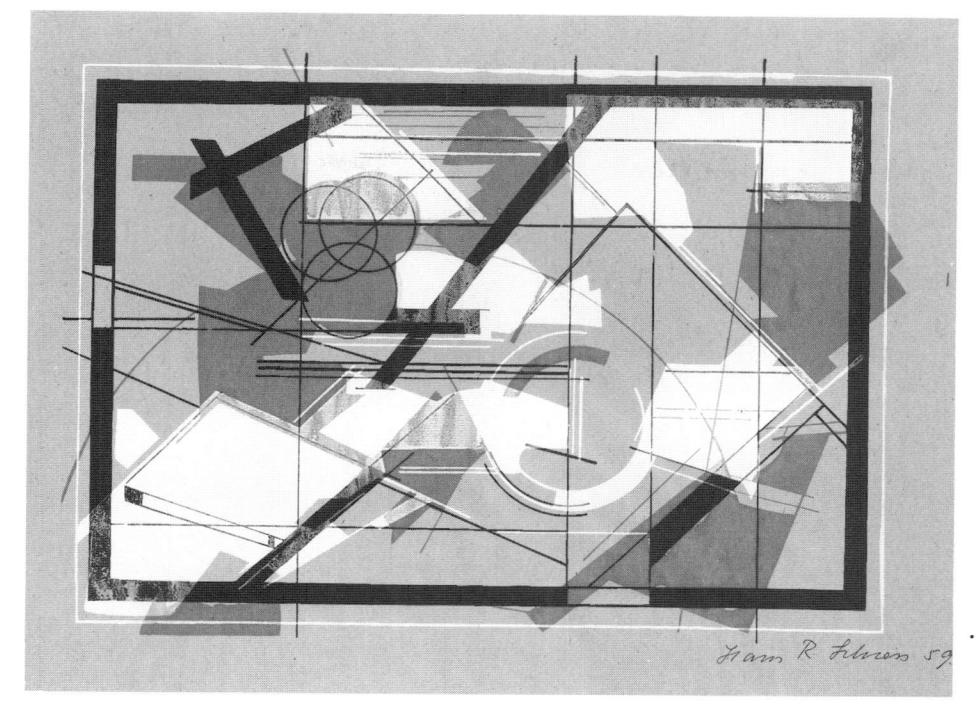

...in Weiß,
Schwarz
und Grau

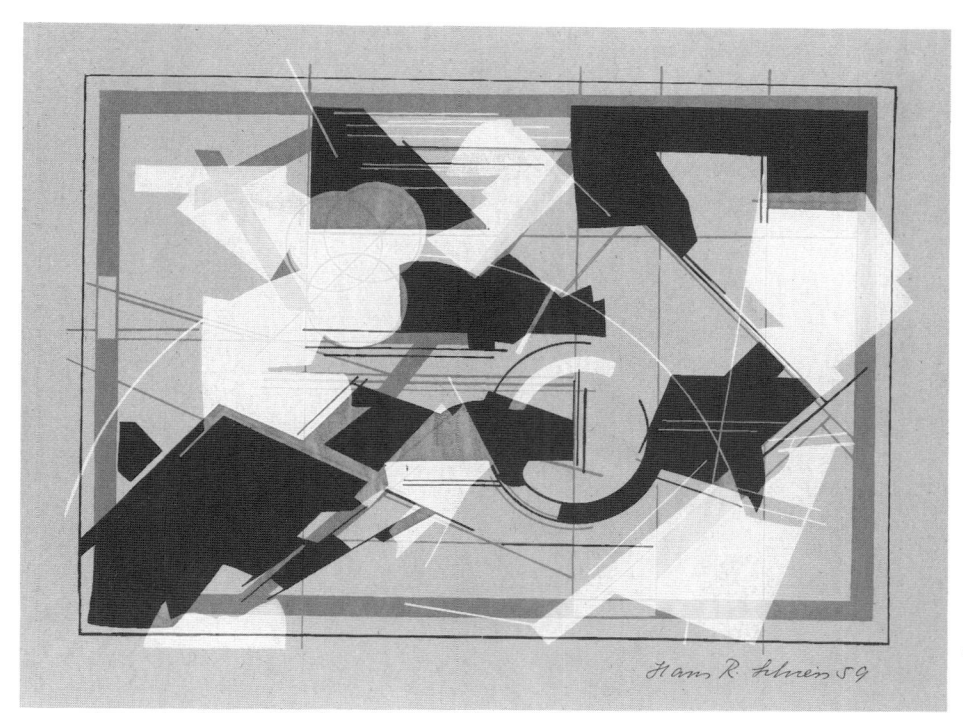

...in Schwarz,
Weiß
und Grau

Geometrische
Komposition...
1959
Siebdruck
36,4 cm × 48 cm
Öffentliche
Kunstsammlung
Basel,
Kupferstichkabinett

...in Blau,
Rot
und Weiß

Rasttag
1956
Öl auf Leinwand auf Pavatex
36 cm × 41 cm
Basler Versicherungs-Gesellschaft

Portrait einer Majuskel
1957
Öl auf Leinwand
110,7 cm × 67 cm
Schweizerischer Bankverein, Basel

117

Ohne Titel
Holzschnitt, 1975
55,5 cm × 42,5 cm
Privatbesitz

Komposition zu «Il faut renoncer à soi même...»
Lithografie, 1957/58
20 cm × 30 cm
Öffentliche Kunstsammlung Basel, Kupferstichkabinett

Er muß wachsen, ich aber muß abnehmen
Holzschnitt, um 1972
24,4 cm × 19,2 cm
Privatbesitz

Ohne Titel
1960
Collage, Gouache und Zeichnung auf Papier
41,7 cm × 58 cm
Sammlung Ch. Schiess-Petermann

Komposition mit Fünfeck
1957
Öl auf Pavatex
36 cm × 23 cm
Privatbesitz

Hommage à Picasso
um 1958
Öl auf Karton
40,7 cm × 29 cm
Privatbesitz

Auge
1960
Öl auf Leinwand
63 cm × 40 cm
Privatbesitz

Ohne Titel
1964
Öl auf Sperrholz
62,5 cm × 39,5 cm
Basler Versicherungs-Gesellschaft

124

Komposition rot-blau
1958
Öl auf Jute
100,5 cm × 59,5 cm
Privatbesitz

Sonnenaufgang
1959
Öl auf Leinwand
90 cm × 51 cm
Ciba-Geigy AG, Basel

Unendlichkeit
1964
Öl auf Karton
38,5 cm × 31 cm
Staatlicher Kunstkredit Basel-Stadt

Ohne Titel
1965
Öl auf Pavatex
50 cm × 89,5 cm
Privatbesitz

Ohne Titel
1959
Öl auf Leinwand
145 cm × 115 cm
Sammlung Ch. Schiess-Petermann

Erdnähe und Himmel
1959/62
Öl auf Pavatex
60,5 cm × 49,5 cm
Privatbesitz

Ohne Titel
1961
Öl auf Pavatex
37,5 cm × 28,5 cm
Privatbesitz

Ohne Titel, 1961
Öl auf Karton
53,5 cm × 37,3 cm
Sammlung Ch. Schiess-Petermann

Komposition I
1961
Öl auf Leinwand
120 cm × 81 cm
National-Versicherung, Basel

Ein herrlicher Sommer
1962
Öl auf Pavatex
38,5 cm × 30,5 cm
Privatbesitz

Der Lerche Lied, 1964
Mischtechnik
7 m × 17 m
Wandgemälde im Personalrestaurant
der Ciba-Geigy AG, Schweizerhalle

Sechsteiliges Glasfenster, 1962
Betonverglasung
ca. 2 m × 6 m
Schlotterbeck Automobile AG, Basel

Ohne Titel
um 1974
Öl auf Leinwand auf Pavatex
39,5 cm × 32 cm
Privatbesitz

Seite 136 / 137:
Ohne Titel
1964
Öl auf Leinwand
146 cm × 200 cm
Galerie «zem Specht» Basel

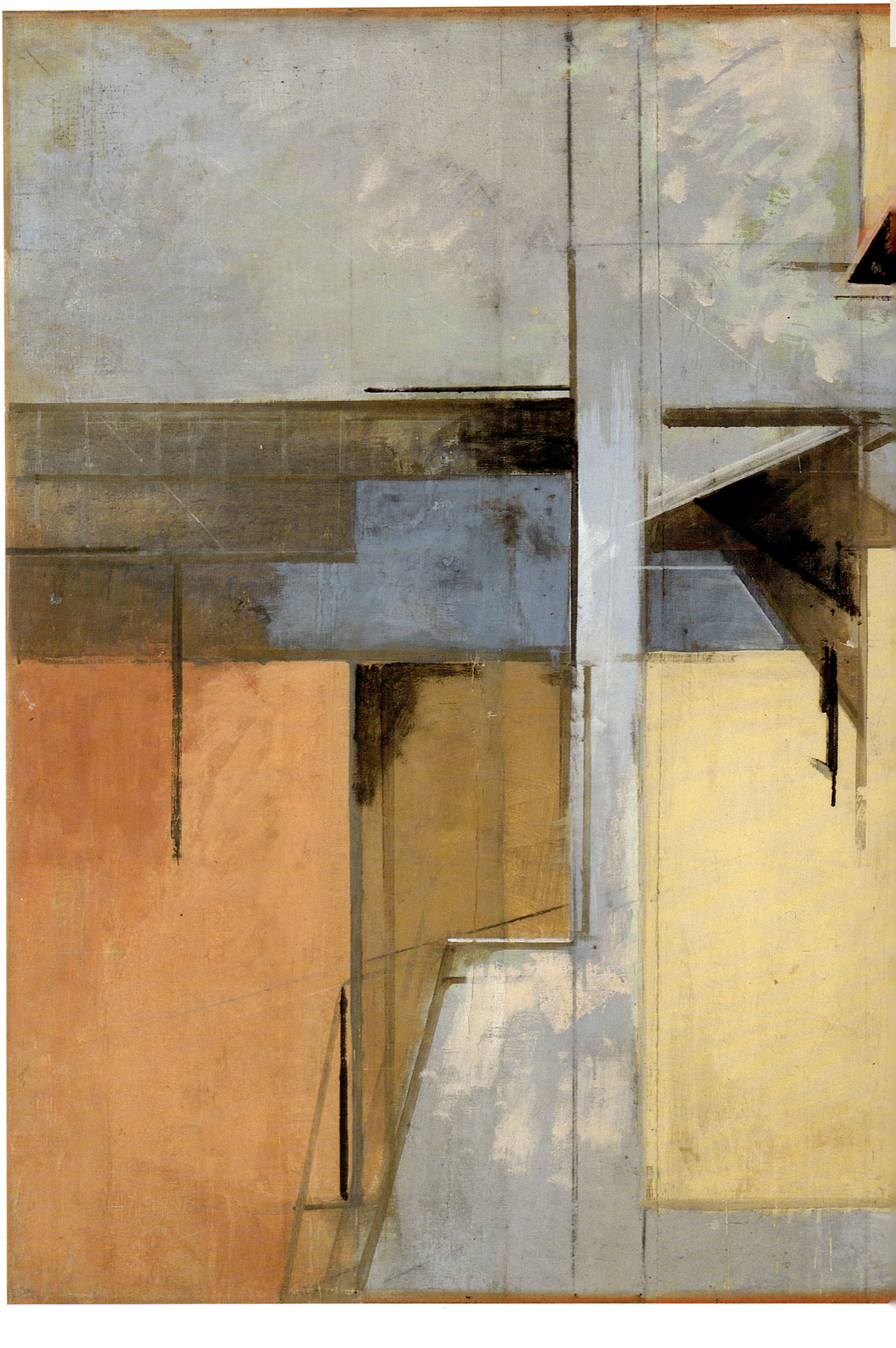

137

Ohne Titel
1963
Öl auf Leinwand
63 cm × 40 cm
Privatbesitz

Zehneck
1963
Öl auf Leinwand auf Leinwand
140 cm × 135 cm
Galerie «zem Specht» Basel

Ohne Titel
undatiert
Öl auf Leinwand
30 cm × 24,5 cm
Privatbesitz

Ohne Titel
1964
Öl auf Pavatex
34,8 cm × 27,5 cm
Privatbesitz

Ohne Titel
1964
Collage und Mischtechnik
19 cm × 27,5 cm
Privatbesitz

Ohne Titel
1965
Öl auf Pavatex
38 cm × 29 cm
Privatbesitz

Portrait I.V.
1965
Öl auf Leinwand
65 cm × 52,7 cm
Privatbesitz

Portrait B.T.
1966
Öl auf Leinwand
91 cm × 50 cm
Privatbesitz

145

Mondaufgang
undatiert
Öl auf Leinwand
65 cm × 50 cm
Privatbesitz

Taubenschlag
1964
Öl auf Sperrholz
42,1 cm × 31,1 cm
Privatbesitz

Dr. Andres Zschokke · Mein Freund Hans R. Schiess

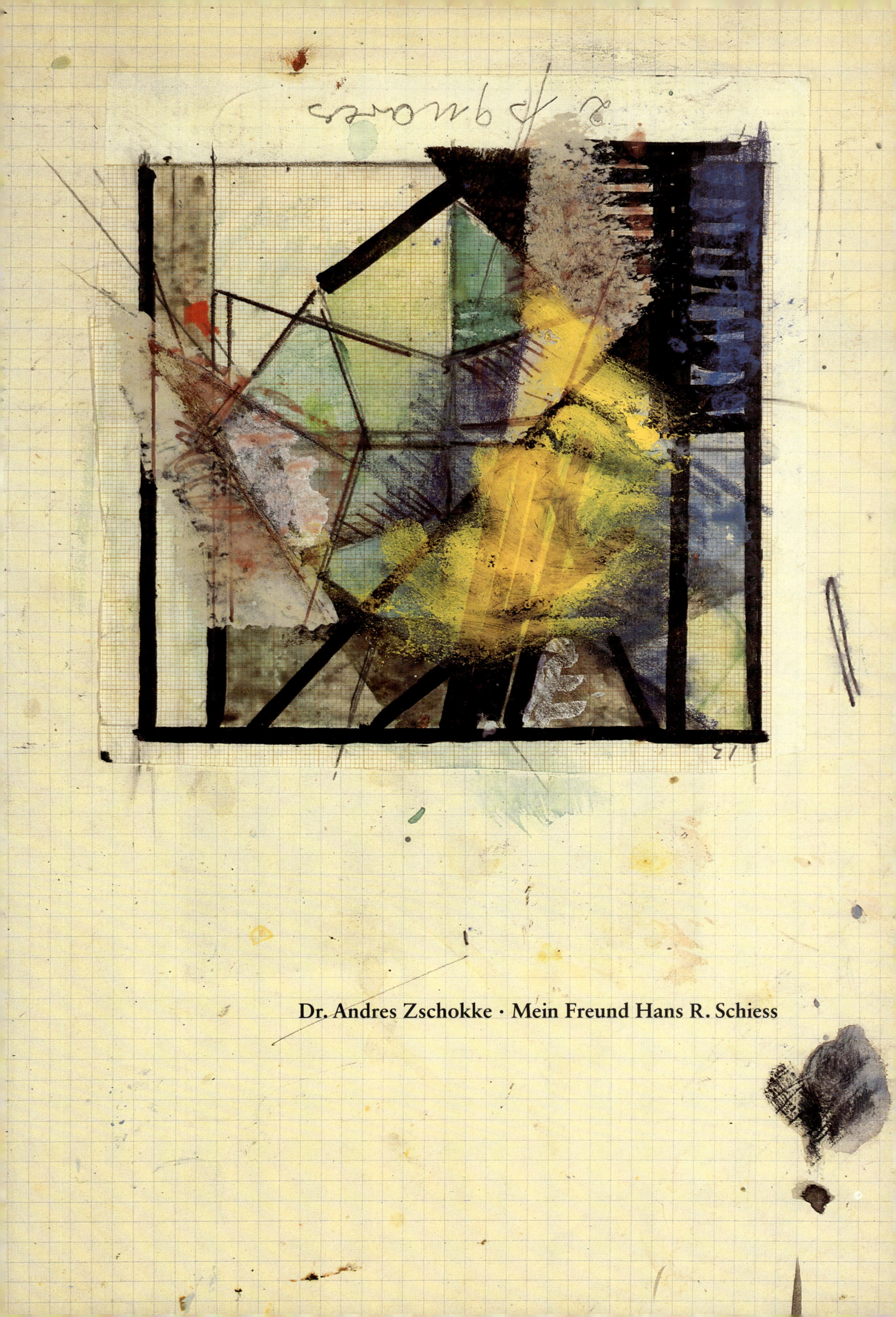

Das Gute und das Böse
1939 / 40
Wandbild im Spiegelhof
2,4 m × 3,4 m (Bildgröße)
Baudepartement Basel

Mein Freund Hans R. Schiess

An die Spitze dieser persönlichen Reflektion über Hans Schiess sei die Behauptung gestellt, daß er einer der großen künstlerischen Sucher und Gestalter dieses Jahrhunderts gewesen ist, der sich als solcher fast naturgemäß (und ein gehöriges Stück weit mit Recht) unverstanden fühlen mußte.

Beim Blick auf den Menschen und Künstler Schiess bietet sich als einer der ersten Gesamtzusammenhänge relativ naheliegend derjenige eines «Paradoxes» an. H. Schiess, der Mensch und Künstler, wäre demgemäß als ein tiefes Paradox zu verstehen. Ist diese primäre Empfindung aber letztlich wirklich zutreffend, bietet sie effektiv den Zauber-Schlüssel zum wahrhaft wesentlichen Verständnis des Phänomens «Hans Schiess»?

Wenn man sich zunächst den Menschen Schiess zu vergegenwärtigen versucht (sofern er sich überhaupt vom Künstler trennen läßt), dann hat die Empfindung von einem Paradox zwar auf Anhieb einiges für sich. Sobald man jedoch näher hinsieht, kann das Verständnis gerade für das sogenannt «Paradoxe» des Menschen H. Schiess in einem Maße wachsen, welches einem schließlich sogar das Wort «Paradox» (in seiner Bedeutung von «sinnlos, widersprüchlich») zur Charakterisierung seiner Persönlichkeit geradezu wieder verunmöglicht und verbietet; und zwar ungeachtet aller unbezweifelbar starken Widersprüche und Spannungen seines Wesens.

Entscheidend dürfte vielmehr sein, daß die ungemeine, lebendige Vielfalt der Anlagen, der Motive, der Impulse, der Einfälle und Interessen, welche die Seele und den Geist des Menschen Hans Schiess durchpulst haben, zwangsläufig zu inneren Spannungen und auch zu Dissonanzen führen mußten, welche die andern wohl öfters als schrill empfunden haben. Dementsprechend und wohl nicht zum mindesten aus diesem Grunde kam es im sozialen und mitmenschlichen Verhalten von H. Schiess gewiß immer wieder zu Eigenartigkeiten, ja gelegentlich zu bewußten und gezielten Provokationen nach außen hin. Wahrscheinlich konnte er oft schlechthin nicht anders; es überkam ihn einfach so. Und in der Tat vermochte man darin meist zur Hauptsache ein für ihn essentiell notwendiges und wohl nicht selten auch schmerzhaftes Markierungs- und Abgrenzungsbedürfnis von Hans Schiess gegenüber seinen Mitmenschen zu spüren.

Ebenfalls kann man, zumindest auf den ersten Blick, eine deutliche, «paradoxe» Grund-Spannung zwischen dieser sehr ausgeprägten Menschlichkeit von Hans Schiess und seinem großartig ergreifenden Malen sehen. Aber auch dieses Paradox löst sich nach der Meinung des Schreibenden bei näherer Betrachtung weitgehend auf, weil sich dabei nämlich klar herausstellt, daß in Tat und Wahrheit das Malen von Schiess (seine «Arbeit», seine «Kunst») in sehr starkem Maß eine phänomenale Konzentrierung, Verdichtung und Verwesentlichung in einer spezifischen Art eben jener wohl ihrerseits schein-paradoxen Vielfalt des Menschen Schiess darstellt und bedeutet.

Aber auch wenn sich das «Paradox» Hans Schiess dem unbefangenen Betrachter ungefähr in dieser Weise weitgehend in ein Schein-Paradox verwandelt, so bleibt man nichtsdestoweniger vor der Tatsache, daß er selbst sich als Künstler und als Mensch auf recht weite Strecken unverstanden gefühlt zu haben scheint.

Hans Schiess, der Mensch, war im landesüblichen Verständnis sicherlich ein Schwieriger, ja man ist versucht zu sagen: er war beinahe «der Schwierige» schlechthin. Eine Begegnung mit Hans Schiess konnte denn auch kaum gänzlich «normal» verlaufen. Seine erwähnte innere Vielfalt, die wie von selbst durch alle Poren markant und abgrenzend nach außen drang, ließ fast jedesmal das Gewohnte und Vertraute der alltäglichen menschlichen Begegnungen selbstverständlich hinter sich oder jagte es mit einem explosiven, bisweilen erschreckenden Knall von seiner Seite in die Luft. Und auch das geschah überwiegend ganz einfach deshalb, weil es aus der gesamten innern und hintergründigen Spann-Weite und beständigen Spannung in und um Hans Schiess so geschehen mußte. Denn eine derartige doch selten intensive emotionale, psychologische, geistige, assoziative und intuitive Vielfältigkeit, wie sie Hans Schiess eigen war, ergibt zwar in der Auseinandersetzung mit der Realität, wie sie nun einmal beschaffen ist, meist auch wie von selbst (sofern der Betreffende darob nicht vorzeitig untergeht) eine auffallende und interessante Biographie. Diese Biographie wird dann aber in ihren einzelnen Augenblicken als diese Auseinandersetzung ebenso zwangsläufig oft zur Konfrontation mit der jeweiligen unmittelbaren Umgebung sowie mit den allgemeinen Selbstverständlichkeiten der Gemeinschaft, in welcher auch der «Außenseiter» nun einmal konkret und real lebt. Es handelt sich dabei im Grunde um eine geradezu naturgemäße (Gewitter-)Entladung (gleichsam von Blitz und Donner) jener erwähnten eigenen inneren Spannungen wie der damit ebenso naturgemäß verbundenen zeitweiligen heftigen Dissonanzen zur jeweiligen Umgebung. Diese Entladungen, Eigenartigkeiten und zuweilen Provokationen werden von Mitmenschen unter Umständen als Verschrobenheit, als Anmaßung, Überheblichkeit, vielleicht sogar als eine gewisse Bösartigkeit empfunden und beurteilt. Es besteht für diese Mitmenschen aber auch die Möglichkeit, darin eine hoch- und tiefsensible Feinfühligkeit, Empfindlichkeit, eine hintergründige Sicht und Durchsichtigkeit auf der Seite des «Schwierigen» zu verspüren und zu erkennen. Hans Schiess ist im Verlaufe seines Lebens immer von neuem diesen beiden Auffassungen und Bewertungen seines Verhaltens in markanter Weise begegnet. Daher konnte es kaum ausbleiben, daß er des öftern sich selbst und damit gerade auch der Wirkung seiner Kunst faktisch erheblich im Wege stand, jedenfalls so lange er lebte.

So pflegte jeweils der ältere Schiess das Gespräch, die Begegnung oft mit einer Bizarrerie oder eben mit einer Provokation zu beginnen, welche gemessen am alltäglichen üblichen und notwendigen mitmenschlichen Norm(al)verhalten nicht allzu selten eigentlich einem «Affront» gleichkam. Man hatte diesen Affront (sofern man beim besten Willen keinen Grund für ihn finden konnte) wie einen Platzregen vorerst über sich ergehen zu lassen oder im andern Fall (sofern dadurch irgendwo irgendwie vielleicht etwas Vergrabenes oder Verschüttetes in einem selbst berührt wurde) möglichst schlagfertig und träf zu beantworten und zu kontern. Daraufhin bekam dann das Gespräch mit Schiess meist Nähe und Farbe. Nun konnte man der begabten Vielfalt seiner Persönlichkeit begegnen, die sich als im Grunde sehr weit und tief angelegt zeigte. Unversehens erschien Hans Schiess einer lebendig-schöpferischen Quelle vergleichbar, einem Born, welcher, wenn man ihn einmal berührt hatte, wie aus einem inneren Füllhorn (sofern dieses nicht gerade für Momente oder Phasen gänzlich verstopft war) in sehr reichhaltigem Maß Unterhaltung, Anregung, Bereicherung anbot und versprühte. In diesem zu einem erheblichen Teil auch wortlosen und sozusagen telepathischen Sprühregen war in angenehmer Weise manch Spielerisches, viel reine Spielfreude, und gelegentlich scheinbar sinn- und grundlos Verspieltes enthalten. (Gibt es überhaupt echte Künstler ohne das?)

Mit diesem in einem weiten und guten Sinn «kindlichen bis jugendlichen» Aspekt dürfte zum Teil auch zusammenhängen, daß vorwiegend der jüngere Schiess eine starke Neigung und Freude am Entdecken und Erfinden der Naturwissenschaften und der Technik gehabt und gezeigt hat. Über Jahre bildeten eingehende und eindringende, vorab chemische, physikalische und mathematische Studien sogar die Hauptbeschäftigung von Hans Schiess; und zwar keineswegs als eine bloße Zwischenbeschäftigung zur Ausfüllung einer künstlerischen Pause.

In solchen lebhaften Augenblicken eines Gesprächs, einer Begegnung mit ihm wurde ferner deutlich sichtbar, wie sehr Hans Schiess auch, und nicht zum wenigsten, von Natur und Anlage (wenn er wollte) ein die Menschen Gewinnender, sie Faszinierender und Einnehmender sein konnte; zudem ein intensiver Anreger mit der stets spürbaren, prickelnden, von ihm zwar meist entschieden zurückgestellten Möglichkeit auch eines Verführers (sozusagen mit dem gedämpften Hintergrundsglanz eines fernen Don Juan oder noch ferner: eines Mephisto!). Auch dieser Aspekt von Hans Schiess ist sozusagen natürlicherweise in seinen jungen und jüngeren Jahren in mancher Hinsicht konkreter und stärker dominierend gewesen als in seinem späteren und späten Leben. Das entspricht eben zunächst einem weitgehend allgemeinen Gefälle jeder menschlichen Biographie.

Dazu kam aber bei Hans Schiess ein höchst persönliches Ereignis, das ihn für sein gesamtes nachheriges Leben wesentlich mitgeprägt hat. Er selber hat dieses Ereignis als seine «Bekehrung» bezeichnet und zuweilen angedeutet, daß er im Alter von etwa 34 Jahren zum biblischen Glauben seiner «Vorväter» und «-mütter» bekehrt worden sei. Diese seine «Bekehrung» wurde eindeutig zu einem Wendepunkt oder zumindest zu einem tiefen Einschnitt im persönlichen wie im künstlerischen Schicksal von Hans Schiess. Allein schon aus diesem Grund ist sie als etwas sehr Tiefgehendes und Ernsthaftes zu respektieren. Denn Hans Schiess hat die sich für ihn aus dieser inneren Bekehrung ergebenen Konsequenzen immer wieder, zuweilen bis nahe an das gänzlich Mönchisch-Asketische, auch tatsächlich zu leben sich bemüht. Das war derselbe Schiess, der als junger Mann unter anderem auch deutliche Ansätze zu einem eleganten Weltmann gehabt hatte! Man kann über die tieferen Beweggründe dieser «Bekehrung» mutmaßen; etwa psychologisch: Sie hat H. Schiess einen gewissen festen Halt und Kern gegenüber der eigenen Vielfalt gegeben, welche ihm immer wieder auch in das Diffuse, ja Zerreißende zu geraten drohte.

Die Bekehrung wurde so zum eigentlichen Angelpunkt und Sinn des gesamten weiteren Schaffens und Malens des Künstlers Schiess, welches sich hiemit bald sichtbar abhob von demjenigen des vorherigen, sprühend begabten «Relativisten», welcher als solcher von andern zuweilen sogar als «Nihilist» empfunden worden ist.

Im weiteren hatte Hans Schiess in seiner Gestalt und seinem Wesen (ob er wollte oder nicht) auch etwas Hochgebautes, Aristokratisches, Hochempfindendes und -denkendes. Das hinwiederum hat ihm, in Verbindung mit seiner großen Sensibilität und empfindlichen Impulsivität, öfters die Aura und vielleicht gar etwas den Ruf eines Unzugänglichen, wenn nicht eines Hochmütigen eingebracht. So unzutreffend und ungerecht dies zutiefst war, so machte es doch den Anschein, als habe er bisweilen (in seinen dunkleren Momenten) diese Charakterisierung sich auch seinerseits als eine Art Selbstanklage zu eigen gemacht und darunter gelitten. Auch von daher dürfte das immer wieder erneuerte Bemühen von Schiess um echte christliche Demut sowie um eine gelegentlich alttestamentlich anmutende ausschließliche Hingabe an den Einen, All-Mächtigen, Un-Begreiflichen gekommen sein und verständlich werden. Daß ihm dieses Bemühen nicht restlos beglückend und andauernd gelungen sein dürfte, kann die Anerkennung von dessen Ernsthaftigkeit und den Respekt hiefür nicht mindern oder gar aufheben. Aber Hans Schiess blieb im wesentlichen doch in der grundambivalenten Spannung beinahe jeglichen Mensch-Seins, was man insofern wohl als ein «Glück» bezeichnen kann, als es seiner Kunst im Sinne eines unablässig brennenden «Feu sacré» in starkem und hohem Maße antreibend und anregend zugute gekommen ist. Andererseits dürften aus dieser trotz allen Bemühungen verbleibenden Grundspannung gewisse Aspekte und Züge des Eiferns und des Fanatismus entstanden und zu deuten sein, welche gelegentlich der Gläubigkeit von Schiess anhafteten, was ihm zuweilen den verletzenden und insgesamt danebengehenden Vorwurf der Heuchelei und der Anmaßung eines «Pharisäers» eintragen konnte.

Unabhängig von derartigen Mutmaßungen ist jedoch auch hier (bei Hans Schiess) festzuhalten, daß allgemein bei derartigen nachhaltigen Bekehrungen eines Menschen immer und überall (wo sie geschehen) ein höchst persönlicher, tiefer Rest eines nicht mehr formulierbaren, sozusagen «existentiellen», metaphysischen Geheimnisses übrigbleibt.

Was das «Künstler-Sein» von Schiess betrifft, so ist es naheliegend, daß sein Werdegang als Maler eine starke qualitative Ähnlichkeit mit seiner persönlichen Biographie aufweist. Wie bereits angedeutet, kann darüber hinaus für ihn die häufige allgemeine Feststellung in besonders ausgeprägter Weise gelten, daß der Werdegang des Malers eine Konzentration, eine Verdichtung, eine beträchtliche Verwesentlichung und auch Sublimierung der Biographie des Menschen Schiess darstellt und bedeutet. Wie dem jungen Menschen seinerzeit die mögliche Vielfalt des Lebens, im besonderen die Bekanntschaft und die Freundschaft mit manchen interessanten und bedeutenden Menschen anscheinend wie selbstverständlich zugeströmt ist, so sind allem nach auch dem jungen Maler Schiess die Intensität, das Qualitative und das Assoziative der Farben scheinbar wie von selbst zugeflossen. Malend konnte er unmittelbar aus dem vollen schöpfen, wobei er damals – in seinen Anfängen – dieser ihm zu Gebote stehenden Farben-Fülle in- und nacheinander einen «expressionistischen» oder «abstrakten» oder «konstruktivistischen» oder «symbolistischen» oder dann auch «surrealistischen» Form-Rahmen und Sinn gegeben hat.

Später dann, als Schiess nach einer ungefähr zehn Jahre dauernden Unterbrechung im Alter von 43 Jahren das Malen wieder gänzlich zu seinem Beruf machte, da geschah das in zweifacher Hinsicht auf einer neuartigen geistigen und seelischen Grundlage: nämlich sowohl seiner «Bekehrung» wie auch jener bereits erwähnten jahrelangen eingehenden Studien, welche ihn bis in das Philosophische und in das allgemein Kunstgeschichtliche hinein geführt hatten. Was die Konsequenzen aus der Bekehrung anbelangt, so übertreibt man mit der Aussage nicht, daß hinfort das Malen von Schiess stets auch zu einem sehr erheblichen und hoch bedeutsamen Teil meditativ-kontemplativer «Gottesdienst» gewesen und von ihm bewußt so aufgefaßt und empfunden worden ist.

Und jene eingehenden Studien haben ihn dazu geführt, in den so überaus mannigfaltigen Formen und Gestalten des Kosmischen wie des Irdischen und des Lebendigen deutlich hintergründige, eigentlich «göttliche» Gesetze, Zusammenhänge und Verhältnisse in der Weise der Zahl und der Geometrie zu erkennen und diese ebenfalls bewußt seinem Malen unter- und zugleich aufzulegen. Dadurch gab Hans Schiess, der Künstler, nicht nur dem ihm zufließenden, so ungemein intensiv lebendigen Farben-Reichtum und -Klang einen neuartigen persönlichen, zuverlässigen formalen Halt und Rahmen, sondern noch wesentlich darüber hinaus zugleich seinem Malen insgesamt einen ebenso eigenwilligen wie eigenständigen und sehr viel besagenden Form-Gehalt (vergleiche dazu die anderswo erwähnten bewußten Bestandteile seines malenden Formens und Komponierens, wie unter anderem «Goldener Schnitt» oder Goethes «Farbenlehre»).

Nimmt man im weitern dazu, daß Schiess auf jeden Fall in dieser seiner zweiten Lebenshälfte beständig im und aus dem Bewußtsein des religiös-mystischen Grunderlebnisses gelebt und gearbeitet hat (wohl auch einige Male von diesem Erlebnis mindestens berührt worden ist), dann vermag man wahrscheinlich zu erahnen, was des Malers Schiess eigener Ausspruch ungefähr bedeuten könnte, wonach ihm etwa zehn Jahre nach der vollständigen Wiederaufnahme seines Malens klar und weitgehend gewiß geworden sei, wie und wofür er in Zukunft eigentlich zu malen habe. (Er war damals um die Mitte Fünfzig.)

Wiederum dürfte man nicht zuviel behaupten, wenn man hervorhebt, daß der Maler Hans Schiess mit dieser seiner sozusagen «ausgereiften» spätern Kunst, mit ihrer zugleich angespannt aufrufenden wie harmonisch beruhigenden, mit ihrer ebenso intensiven wie wissend-weisenden Ausstrahlung eben zu einem der großen echten Sucher, Gestalter und zudem mindestens beträchtlichen Horizont-Erheller unserer Epoche geworden ist.

Schiess hat viel und regelmäßig gearbeitet. (Er konnte in diesen späteren Jahren mit einem gewissen Stolz sagen, daß er sich mit seiner Arbeit vollauf an die offiziellen Bürostunden halte.) Er malte jetzt konzentriert nachdenklich-konstruktiv und dabei kontemplativ-imaginativ, mit einem geradezu altbürgerlich anmutenden Pflichtbewußtsein, welches jedoch in den offensichtlich recht häufigen entscheidenden Augenblicken seines Malens zur beglückenden Hingabe und zur beschwingenden Inspiration seines ganzen Wesens wurde.

Wo blieb neben, vor oder hinter diesem sehr bedeutenden, ja großen

Maler Schiess zuletzt der Mensch Hans Schiess? Er hat ohne Zweifel auch ein starkes seelisches Element von Loyalität und Treue zu seiner (bürgerlichen) Herkunft, zu seiner Vater- und Mutterstadt und eigentlich zutiefst zu allen Menschen gehabt, die ihm in seiner vielfältig verschlungenen Biographie jemals nahe gestanden sind. Besonders stark konnte letztlich diese grundlegende Verbundenheit zu seiner engeren Familie spürbar werden, die er im Alter von 37 Jahren zusammen mit seiner Gattin Charlotte Petermann begründet hatte.

Trotz alledem mochte man um den Menschen Hans Schiess seiner letzten Lebensjahre auch eine gewisse unverkennbar kohärente Melancholie verspüren, welche nebst anderm so ungefähr das Folgende zu besagen schien: «Wird noch ein Mensch kommen, der wirklich verstehen kann, wer ich eigentlich bin und wie ich es eigentlich meine? Ich glaube kaum.» Es konnte so den Anschein erwecken, als habe der Maler und Mensch Schiess sich zuletzt mit einer gewissen Resignation damit begnügt, wenn er einem andern Menschen einigermaßen vertrauen konnte.

H. Schiess hat, obwohl bereits seit einiger Zeit schwer krank, praktisch bis zum Tag seines jähen Sterbens gearbeitet und gemalt. Und er hat dabei (wie man sagen darf) noch eine letzte Meisterschaft des Könnens und der Aussagekraft erreicht, die es geradezu als besonders bedauerlich erscheinen läßt, daß diese seine letzte Lebens- und Arbeitsphase nicht noch um einiges länger dauern konnte. Ebenso darf man wohl Hans Schiess rein objektiv attestieren, daß er seinem im ganzen schwierigen Schicksal und vorzüglich seinem an sich tiefen wie hohen künstlerischen Auftrag alles in allem hervorragend gerecht geworden ist. Möge das allgemeine Verständnis hiefür sich noch verbreiten! Das würde mit Gewißheit nichts schaden, sondern im Gegenteil sehr Wertvolles und Bedeutsames in unsere überdotierte «Kultur-Landschaft» einbringen, was dieser nur zum Guten gereichen könnte.

Andres Zschokke

Sonnenuntergang
undatiert
Öl auf Karton
42 cm × 32,4 cm
Privatbesitz

Acker bei Siena
1965
Öl auf Leinwand
41,5 cm × 33,5 cm
Bauhaus-Archiv Berlin

Rotes Segel
1966
Öl auf Leinwand auf Pavatex
30 cm × 24 cm
Privatbesitz

Ohne Titel
undatiert
Öl auf Pavatex
44,4 cm × 38,2 cm
Privatbesitz

Das Bewußte und das Unbewußte
um 1966
Öl auf Papier
41 cm × 33 cm
Privatbesitz

Ohne Titel
1967
Öl auf Leinwand
41 cm × 33 cm
Privatbesitz

Griechisches Segel
1966 / 67
Öl auf Leinwand
62,5 cm × 47 cm
Privatbesitz

Blaue Segel
1967
Öl auf Leinwand
65 cm × 50 cm
Privatbesitz

166

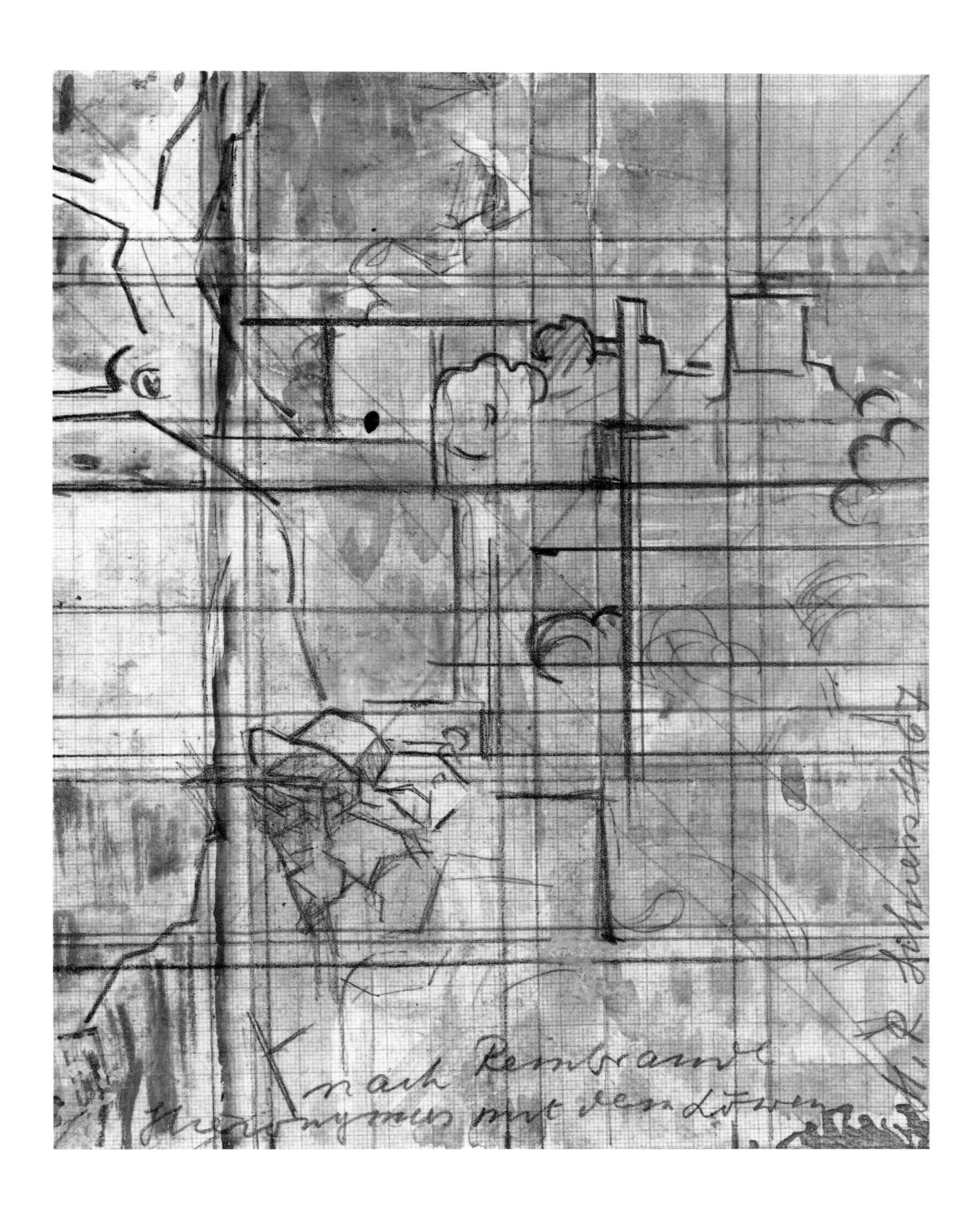

Glasscheibenentwürfe für Kantonalbank Riehen
1967
Farb- und Bleistift
57,5 cm × 39 cm
Kunstmuseum Chur

Entwurf zu Hyronimus mit dem Löwen –
nach Rembrandt
1967
Aquarell und Zeichnung auf Papier
27 cm × 21 cm
Sammlung Ch. Schiess-Petermann

Sternennacht
1966/68
Öl auf Leinwand
90 cm × 200 cm
Sammlung Ch. Schiess-Petermann

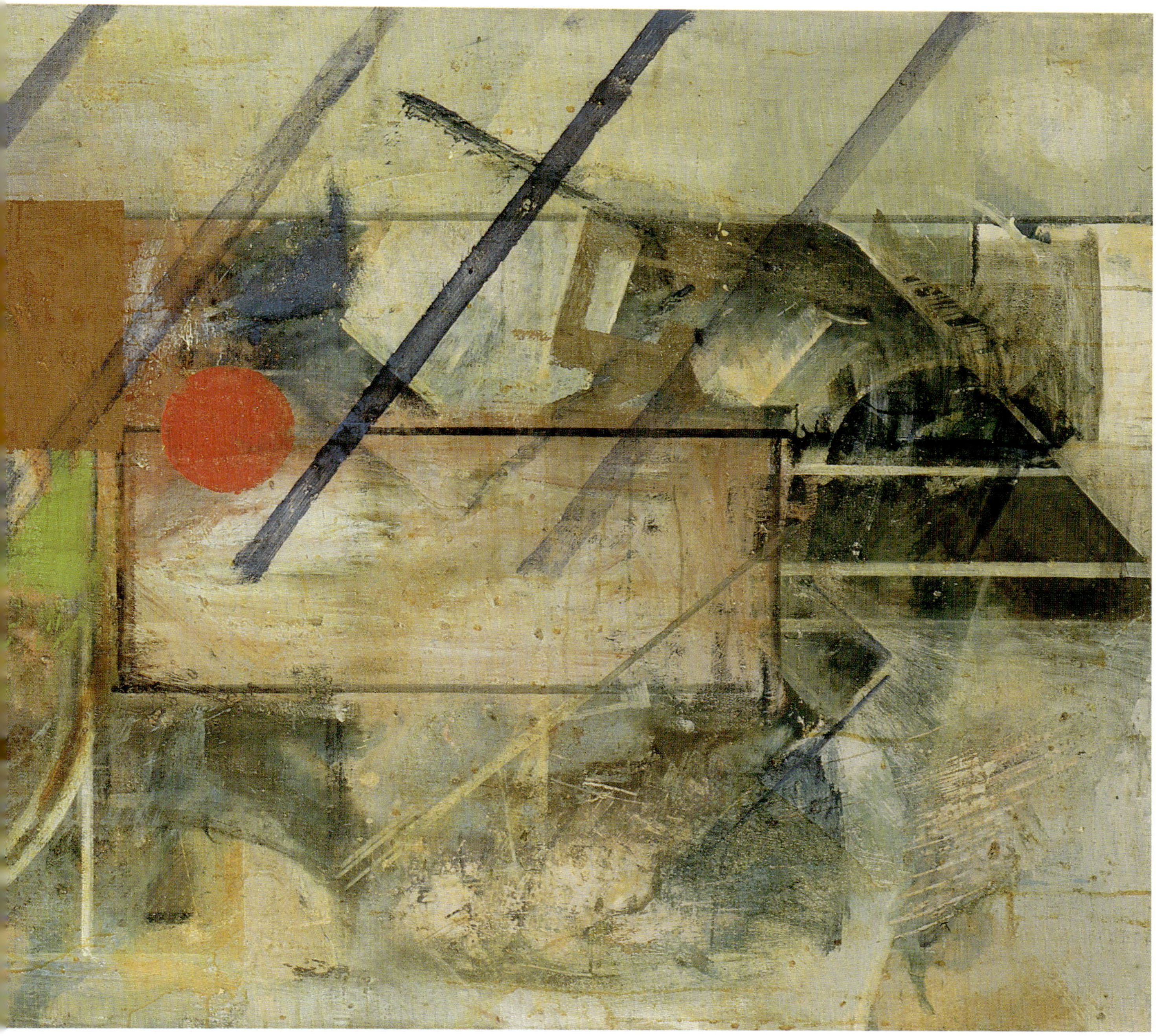

Delta
1968
Öl auf Leinwand
41,5 cm × 33 cm
Privatbesitz

Komposition
1968
Öl auf Leinwand
61 cm × 41 cm
National-Versicherung, Basel

Wunderlampe im Allgäu
1968
Öl auf Leinwand auf Pavatex
60 cm × 80 cm
Privatbesitz

Griechisches Segel
1968
Öl auf Karton
39,3 cm × 30,7 cm
Sammlung Ch. Schiess-Petermann

Segel
1968
Öl auf Karton
39 cm × 31 cm
Privatbesitz

Ohne Titel
1968
Öl auf Leinwand
90 cm × 200 cm
Sammlung Ch. Schiess-Petermann

Ohne Titel
1969
Öl auf Leinwand auf Pavatex
41 cm × 32,5 cm
Privatbesitz

Betonglasscheibe
um 1968
56,5 cm × 67 cm
Musée Suisse du Vitrail Romont

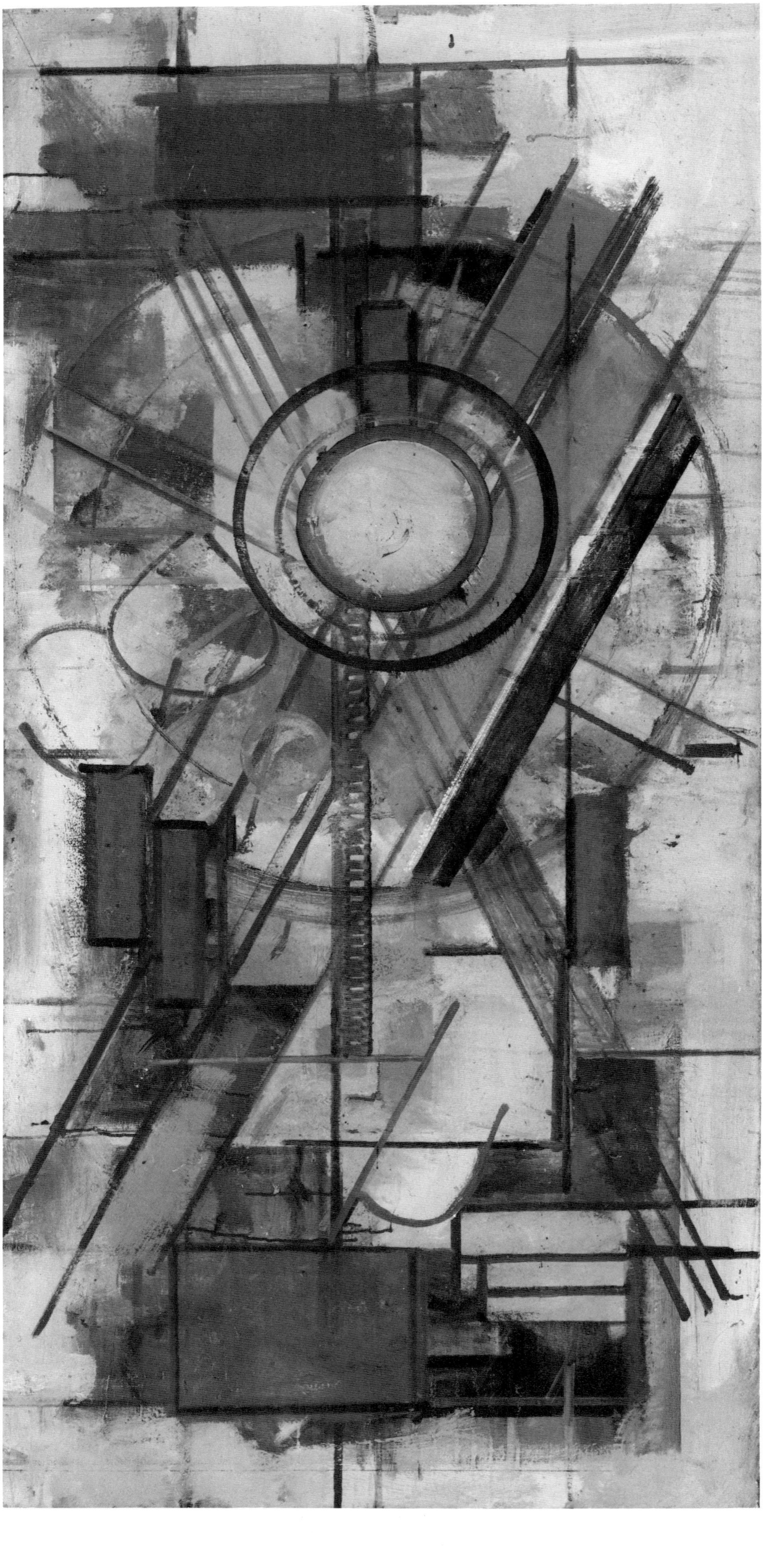

Ohne Titel
1968
Öl auf Leinwand
150 cm × 73 cm
Sammlung Ch. Schiess-Petermann

Ohne Titel
1969
Öl auf Papier
48,7 cm × 35 cm
Privatbesitz

Ohne Titel
1968
Öl auf Leinwand
90 cm × 200 cm
Sammlung Ch. Schiess-Petermann

Transparent
1969
Öl auf Leinwand auf Pavatex
43,5 cm × 35,5 cm
Privatbesitz

Ohne Titel
1969
Öl und Collage auf Leinwand auf Pavatex
40,6 cm × 32,8 cm
Privatbesitz

Ohne Titel
1969
Öl auf Leinwand auf Pavatex
41 cm × 33,5 cm
Privatbesitz

Tiergräble / D
1969
Öl auf Leinwand
50 cm × 61 cm
Privatbesitz

Sonnenblumen
1969
Öl auf Leinwand
120 cm × 81 cm
Privatbesitz

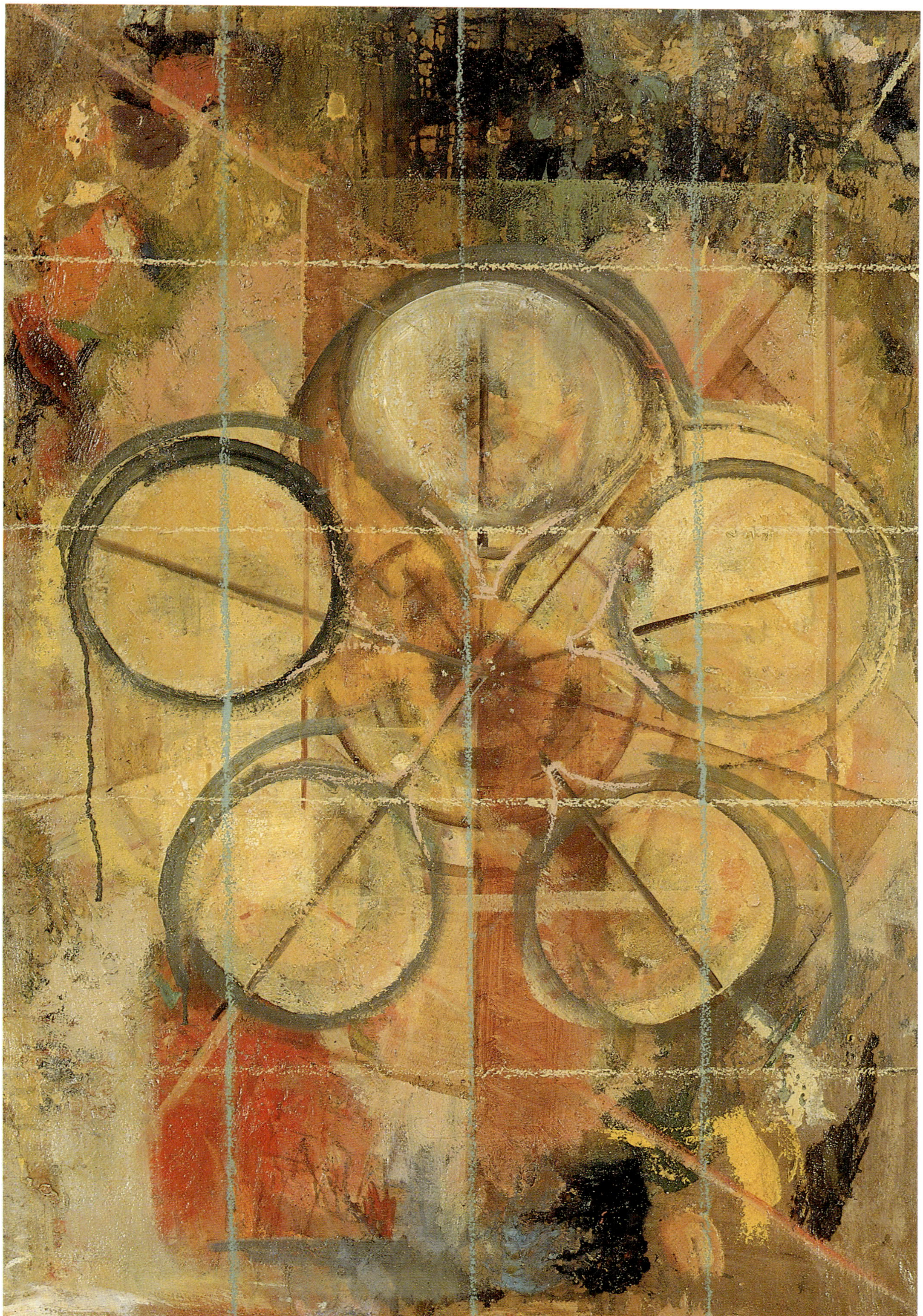

Trauern im Pentagon
1969
Collage und Öl auf Karton
29,9 cm × 23,9 cm
Sammlung Ch. Schiess-Petermann

Ohne Titel
um 1970
Öl auf Karton
29,9 cm × 24 cm
Sammlung Ch. Schiess-Petermann

Ohne Titel
1969
Öl auf Leinwand
29 cm × 24 cm
Privatbesitz

Ohne Titel
1969
Öl auf Karton
29 cm × 24 cm
Privatbesitz

Ohne Titel
undatiert
Öl auf Pavatex
35 cm × 27 cm
Privatbesitz

Ohne Titel
um 1970
Öl auf Karton
37,5 cm × 27,5 cm
Privatbesitz

Ohne Titel
um 1970
Öl auf Leinwand
68 cm × 57,5 cm
Privatbesitz

Ohne Titel
1970
Öl auf Leinwand
65 cm × 50 cm
Privatbesitz

Schynige Platte
1969/70
Öl auf Leinwand
66 cm × 166 cm
Staatlicher Kunstkredit Basel-Stadt

Triumpf des Guten
um 1970
Öl auf Leinwand
89,5 cm × 145,5 cm
Staatlicher Kunstkredit Basel-Stadt

Ohne Titel
um 1970
Öl auf Leinwand auf Karton
46,5 cm × 40,5 cm
Galerie «zem Specht» Basel

Ohne Titel
1970
Öl auf Leinwand
ca. 60 cm × 49 cm
Privatbesitz

Ohne Titel
um 1970
Öl auf Leinwand
55,5 cm × 38 cm
Privatbesitz

Ausblick
1971
Öl auf Karton
44 cm × 39,5 cm
Sammlung Ch. Schiess-Petermann

Harmonie
1972
Öl auf Pavatex
50 cm × 36,5 cm
Privatbesitz

Die alte Mühle, 1969
Öl auf Leinwand
81 cm × 120 cm
Privatbesitz

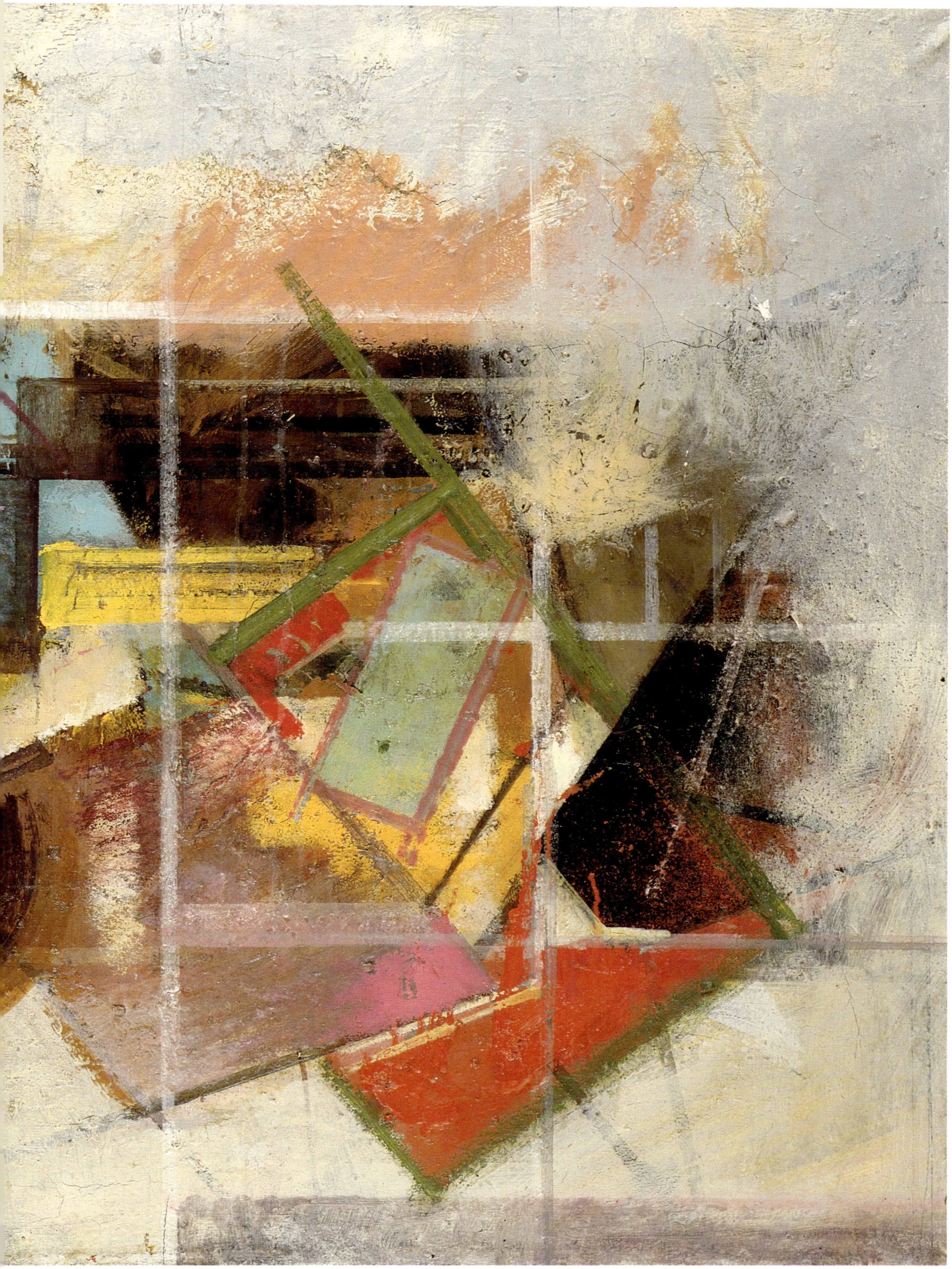

Sonnenhof
1972
Öl auf Pavatex
30 cm × 24 cm
Sammlung Ch. Schiess-Petermann

Péon
1972
Öl auf Leinwand auf Pavatex
41,5 cm × 33 cm
Privatbesitz

Ausblick in die Waldlichtung
1971
Öl auf Leinwand
59 cm × 48,5 cm
Privatbesitz

Meine Mutter mit dem Gärtner
um 1976
Öl auf Leinwand
120 cm × 87 cm
Sammlung Ch. Schiess-Petermann

Es eilt die Zeit
1972
Öl auf Papier
37 cm × 27,5 cm
Schweizerischer Bankverein, Basel

Komposition A150
undatiert
Öl auf Pavatex
41,8 cm × 34,3 cm
Bauhaus-Archiv Berlin

Charlotte Schiess-Petermann · Aphorismen und Erinnerungen

CIRCOLAZIONE DEGLI AUTOVEICOLI
(R. D. 31 dicembre 1923, N. 3043)

Patente di abilitazione di I.º GRADO

Aphorismen und Erinnerungen

Unser Tun und Denken, unser Geist und unsere <u>Kunst</u> gestalten die gesunde oder kranke Welt von Morgen.

Hans Rudolf Schiess war kein Mensch, der in der Vergangenheit lebte – und schon bin ich (wie sein Freund Andres Zschokke) beim ersten Widerspruch in seinem Wesen angelangt.
Ich will damit sagen: sein vergangenes Leben schien für ihn kaum zu existieren, und nur in ganz seltenen Fällen erzählte er etwas aus seiner Kindheit oder Jugend. Teilweise hatte man das Gefühl, Hans sei ein Mensch des 18. oder 19. Jahrhunderts, der sich in die heutige Zeit verirrt habe, um gleichzeitig zu spüren, wie er für alles Neue aufgeschlossen, in vielem der Gegenwart voraus war. Schon sehr früh manifestierte er dies in seiner Malerei, auch in unveröffentlichten Roman- und Drehbuchmanuskripten und nicht zuletzt in Erfindungen, deren Weiterentwicklung oft ganz einfach daran scheiterte, daß ihm das Geld dazu fehlte.

Im Lebenslauf von Hans R. Schiess steht jeweils: Geboren am 24. Dezember 1904 in Atzenbach, ein Datum, das ihm zeitlebens – und ein Geburtsort, der ihm zeitweise – zu schaffen machte. Geburtstag am 24. Dezember – und schon fühlt man sich als Kind zu kurz gekommen. Im Alter war es dann der Mystiker, dem dieses Datum Verpflichtungen aufzuerlegen schien. Geboren als Schweizer in Atzenbach im badischen Wiesental und aufgewachsen daselbst und in Riehen bei Basel. Ob seine Jugend, er wuchs mit sechs Geschwistern im bürgerlich wohlbehüteten Familienkreis auf, glücklich war oder nicht, ist für mich nur schwer zu beurteilen; tatsächlich empfand Hans sie rückblickend voller Leiden und Kämpfe. Lange Krankheit und Klinikaufenthalte sowie Schulen, die auf seine übersensible Art sicher wenig Rücksicht nahmen, verdüsterten wohl seine Erinnerungen. Zu Deutschland hatte Hans Schiess auf jeden Fall sehr ambivalente Gefühle. Über seine Aufenthalte in Berlin und vor allem auch über seine Zeit am Bauhaus in Dessau, wo er mit Feininger und Josef Albers arbeitete und Schüler von Klee und Kandinsky war, erzählte er hie und da etwas. Albers ladet Schiess Ende der vierziger oder anfangs der fünfziger Jahre als Dozent an die Yale Universität ein, da er aber für mich und die Kinder noch kein Visum bekommt, läßt er die Gelegenheit fahren, korrespondiert aber mit Albers bis zu dessen Tode. Klee schien Schiess als Schüler zu schätzen, und wenn man je von Einfluß eines Lehrers (neben Kirchner in seinen Anfängen) auf Hans sprechen kann, dann ist es wohl Kandinsky gewesen. Deutschland, das Bauhaus und das Berlin der zwanziger Jahre haben bestimmt in seinem Leben eine Rolle gespielt. Um herauszufinden wann er genau dort war, muß ich das «Dienstbüchlein des Wehrpflichtigen Eidgenossen» hervorsuchen und finde da die Beurlaubung: Aufenthalt im Tessin 1925, dann Herbst 1926

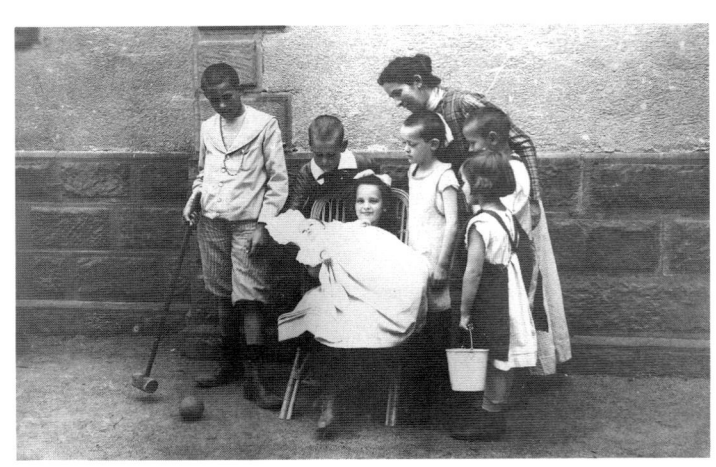

Geburtshaus in Atzenbach

Wohnhaus in Riehen

H.R. Schiess (zweiter von links)
mit Mutter und Geschwistern, 1906,
vor dem Forsthof im Schwarzwald...

... und in Atzenbach

Die Geschwister Schiess 1915
(H.R. im Matrosenanzug)

H.R. Schiess (rechts)
mit Bruder Walter und dessen
Frau in Florenz, um 1928

bis Juni 1927 – Berlin. Nach dem Tagebuch von Ernst Kirchner und Porträts, die Kirchner von Schiess machte, war Hans von Juni bis Ende September in Davos, um bei Kirchner zu lernen und zu arbeiten. Nach Berichten seiner Geschwister hatte Hans sich allerdings schon vor 1925 bei Kirchner und in Berlin aufgehalten. Ab November 1927 bis Anfang 1929 wurde das Dienstbüchlein in Rom und Florenz gestempelt. In letzterer Stadt wohnte er bei der damals noch lebenden Witwe von Giosua Carducci (1835–1907), dem Literaten und Nobelpreisträger von 1906. Aus Italien bringt Hans Bilder – und vor allem Radierungen – nach Basel zurück, die zeigen, daß sein Aufenthalt bei Kirchner keine verlorene Zeit war. Dies sieht man an den leider nur noch wenigen vorhandenen Werken: schöne Kirchner mit einem Schuß Surrealismus. Hier zitierte Schiess jeweils Goethe, der (über die Museen) schrieb:
An Bildern schleppt ihr hin und her
Verlorenes und Erworbenes;
Und bei dem Senden kreuz und quer
Was bleibt uns denn? Verdorbenes!

Noch einmal Berlin, bis zum Frühling 1930, und dann auf nach seiner zweiten, vielleicht auch liebsten und vor allem geistigen Heimat – Paris! In Paris findet er Gleichgesinnte, Freunde und Freundinnen, sicher aber, mit seinem kompromißlosen, oft taktlosen und schwierigen Charakter, auch Feinde. Hans Schiess gehört zu den Gründern der Gruppe «abstraction et création» und entwirft zusammen mit Jean Hélion die erste Nummer ihrer Zeitschrift. Hans bleibt mit Hélion sein Leben lang befreundet und schreibt an seinem eigenen Todestag noch an Jean. Von Braque, den er öfters besucht, schreibt er in einem Brief: *Ein reizender Mensch und ein sehr guter Maler, was nicht selbstverständlich ist!* Befreundet ist er mit Seligmann, Léger, Herbin, Vantongerloo, Max Ernst (zu dem er Meret Oppenheim bringt), Viera da Silva und noch andern. Von den erwähnten weiß ich nur, weil sie uns nach dem Krieg in Basel besuchten oder wir sie in Paris trafen. Über Max Ernst schrieb Hans Schiess im Alter noch folgendes:

Max Ernst lernte ich als 17jähriger, 1922, kennen. Er hatte ein großes, wunderbares Bild in seiner Ausstellung hängen, die berühmte «La belle jardinière». Ein ätherisches weibliches Wesen, lebensgroß, mit emailartigem Pigment, träumerisch blauen Augen, steht in einer öden, merkwürdigen Landschaft. So herrlich und anziehend ihr Mund und Oberkörper gestaltet sind, so absonderlich und erregend, ja vielleicht sogar abstoßend ist ihr Unterleib dargestellt. Die der Fortpflanzung dienenden Organe des Unterleibs sind wie ein Huhn gestaltet, und zwar wie ein Huhn das Eier legt. Damals ahnte ich noch nicht, wie eng das Schicksal mich in wenigen Jahren an Max Ernst binden würde.* Das Huhn als Unterleib einer ätherischen, wunderschönen Frau ist nichts anderes als das Postulat des Surrealis-

---

*Max und Hans teilten sich zeitweise sogar ein Atelier.

Ernst Ludwig Kirchner:
Junger Künstler
(H. R. Schiess)
Davos 1927
Kirchner-Nachlaß

H. R. Schiess 1939 an der Birs

Im Café Select in Zürich, 1937

Ernst Ludwig Kirchner:
Unterhaltung im Garten
(H. R. Schiess, Lisa Gujer, Erna Kirchner)
Davos 1927
Kirchner-Nachlaß

mus, nämlich das Nebeneinanderstellen zweier Wirklichkeiten, die in ihrer Konfrontation zu einer neuen Wirklichkeit sich verschieben. In den Abbildungen ist «Das Pferd» von Carrington (Eleanor), auch eine Arbeit von Max Ernst, die mir von den beiden Künstlern gewidmet wurde, ein weiteres Beispiel, *wie es später in den «Art»en und ähnlichen Bestrebungen unserer Zeit bis zum Überdruß betrieben wird.*

Zurück nach Paris. Es sind nun aber auch die berühmt-berüchtigten dreißiger Jahre und Hans bekommt wohl in den ersten Jahren noch regelmäßig seinen kleinen monatlichen Check von zu Hause, der dann, mit etlichen geteilt, kleiner wird oder vielleicht auch einmal ausbleibt. Die Spinnereien im Wiesental rentieren nicht mehr, und Vater Schiess verläßt 1933 Deutschland. Ausstellungen in der Schweizer Botschaft und bei Jeanne Bucher bringen noch etwas Geld ein, doch nun fängt der Kampf ums tägliche Brot und um seine Existenz an, der ihn bis zu seinem Tode beschäftigen, ihn in seiner Karriere als Maler behindern wird. Hans schreibt, wie schon in Berlin, Filmszenarios, arbeitet mit Buñuel, Allégret, Vollmöller und andern, für Pathé in Frankreich und in England, für Korda und einer Brunner Film Co. und hat Freundinnen, die zum Teil auch oft begütert sind.

Hans Schiess in einem Brief an eine Bekannte aus St-Jean-Cap Ferret über das Zusammenleben mit einer Frau: *Strindberg – gemischt mit Rekrutenschule!* Aus einem andern Brief vom März 1933: *Ich bin einfach vernichtet durch das Zeug, das dieser Hitler schwätzt, macht und sich herausnimmt und werde meinen Fuß nie mehr nach Deutschland setzen!* Nun – er setzte seinen Fuß 1936 wieder einmal in die Schweiz, «vorübergehend», wie Hans R. meint. Er läßt seine Koffer, Bilder und Malutensilien in Paris in diversen Ateliers zurück und bleibt in Zürich. Schiess liebt diese Stadt, was für einen Basler nicht selbstverständlich sein soll. Ein schwerer Skiunfall zwingt ihn zu einem monatelangen Spitalaufenthalt, was seinen schon immer sehr strapazierten Nerven bestimmt nicht gut tut, ebensowenig wie eine mitten in einer Analyse abgebrochene psychiatrische Behandlung. Wieder will und muß er Geld verdienen, schreibt für die «Weltwoche» Filmkritiken, tritt der Zürcher Künstlergruppe «Allianz» bei, sucht ein eigenes Kino um gute Studiofilme zu zeigen, und findet schließlich in Zusammenarbeit mit Frau Indermaur vom Studio «Nord-Süd» Zürich ein solches in Luzern.

Gedanken und Aphorismen von Hans R. Schiess:

In früheren Jahren pflegte man hie und da vom Ewigkeitswert der Kunst zu lesen oder – auch von Kompetenten – zu hören. Ewigkeit ist eine lange Zeit – eine sehr lange –, und mancher mag mit Unbehagen an diesen als Faktum vor ihm liegenden Zeitabschnitt denken.

Gewiß – Kunst soll Aussage sein – soll sich messen können an dem, was den Menschen erst zum Menschen macht, nämlich Geist.

Alles Irdische ist nur ein Gleichnis einer höhern Wirklichkeit.

Wenn der Mensch sein technisches Denken unbesehen auf sich selbst anwendet, macht er sich zur Maschine.

Die Kälte findet man nur im Sommer als ungerecht.

Der Mensch ist gut und böse wie die Natur, und um so wahr *zu sein, werden mich wohl auch meine Ideale nicht abhalten!*

Gibt es Stil und gibt es Wahrheit? Der Stilwille des Esotherikers, griechisch – ägyptisch etc., Kunst bis ins frühe Mittelalter ist Stil. Wahrheit liegt in der Ausführung – Wille zum Stil gibt auch den Inhalt. Dazu sagte Racine: Les lois des trois unités ont embelli les mœurs et les coutumes.

Ich weiß nicht, wer es vom Schreiben gesagt hat. Dasselbe gilt auch beim Malen: Man muß wählen, also auslassen, zum Abfall werfen, was nicht unbedingt zum Werk gehört. Was gehört zum Werk? Werk soll mehr sein als der Autor – Tat bedeutsamer als der Täter!

Zurück nach Luzern; ich will versuchen, Täterin zu sein, und muß wählen und auslassen.

Ich begegnete Hans Schiess, und diejenigen, die ihn erst später kennenlernten, werden es kaum glauben, an einem Presseball (das gab es damals noch in Luzern). Ein eleganter Herr im Smoking und das einzige, was ihn von den andern besmokingten Herren unterschied, war, daß er als Krawatte eine Schuhschnur trug. Das war 1938, und ob es die Krawatte, der Smoking oder der Schiesssche Charme waren, auf jeden Fall war die Begegnung Anlaß zu unserer drei Jahre später geschlossenen Ehe. In der Zwischenzeit hatte das Kino das Zeitliche gesegnet. Meine Luzerner Mitbürger waren vorwiegend Theatergänger und die Filmbegeisterten meistens Freunde von Schiess, die er mit Freikarten versorgte. Hans war heimatlos, wäre gerne nach Paris zurückgekehrt, doch inzwischen war der Krieg ausgebrochen.

Schiess sagt:

Das Leben der Menschen sowie der Inhalt eines Bildes besteht aus der Polarität Hell – Dunkel / Kalt – Warm im rhythmischen Jahresablauf Frühling – Herbst / Sommer – Winter, das Sujet bleibt untergeordnet.

Die Ehe, jedes Zusammenleben, was für ein «Kunst-Werk», und mit Hans Schiess, was für Polaritäten! Hell und oft sehr dunkel, warm und oft sehr kalt. «Rhythmusstörungen», wie sie auch einem Bild oft die Würze geben, Frühlings- und Herbststürme, heiße Sommer und sehr kalte Winter. Das Sujet blieb untergeordnet!

Betrachtet man die Fotos auf der Rückseite dieses Buches, sie wurden

H.R. Schiess 1945

Die Familie mit den Töchtern
Patricia und Johanna –
Fränzi fehlt noch, 1949

H.R. Schiess mit Pariser Freunden
in Kitzbühl, 1934

In Winterthur, Haus am Graben
Ecke Marktgasse, 1943

In Winterthur 1941

alle vor seinem 40. Lebensjahr gemacht und Hans hat sie so ins Album geklebt, sieht man schon die ganze Ambivalenz seiner Persönlichkeit. Das naive Kind, das er trotz allem ein Leben lang blieb, der ernste Forscher, der versteckte Lacher und witzige Ironiker, der Kopfsteher, der Beobachtende und Entspannte, der konzentrierte Maler, der Leidende, der Böse und Schwierige und der hilflos ergebene Soldat. Zur Zeit unserer Heirat beschäftigte Hans sich besonders mit Goethes Naturwissenschaften, sein Drang zu sehen und zu verstehen trieben ihn ans Physikalisch-Chemische Institut der Universität Basel, wo er die Lücken seines Wissens entdeckte. Mir wäre nun am liebsten gewesen, er hätte sich wieder ganz der Malerei zugewandt, doch sein Wunsch, ein Chemiestudium zu absolvieren, deckte sich mit den heimlichen Träumen seiner Familie, Hans als Gutverdiener in einem Basler Chemiebetrieb zu sehen. So zogen wir nach Winterthur.
Am dortigen Technikum waren seine Mitschüler begeistert von ihrem älteren Kollegen. Ich selbst hatte Mühe mit Winterthur, oder war es die Mühe mit der Ehe? Für Hans Schiess hätte ich theoretisch die emanzipierte, selbständige Frau sein sollen, praktisch aber das brave Hausmütterchen vergangener Zeiten. Keiner der Vorstellungen konnte ich genügen, und er hätte auch keine der beiden ertragen. Das Malen hörte nun fast auf, hie und da ging Hans mit dem aus Paris zurückgekehrten Winterthurer Maler Rudolf Zender aufs «Motiv». Abwechslung brachten die damals zahlreichen Besuche von Varlin, für uns der Willy aus Zürich. Varlin und Schiess zusammen waren wie ein nicht endendes Feuerwerk, für mich Erholung und für unsere inzwischen zur Welt gekommene Tochter Patricia der Freudenonkel. Auch andere Gäste kamen aus Zürich. Ich erinnere mich an Leo Leuppi und Louis Conne, an Werner Dressler und Germaine Richier. In dieser Kriegszeit mußte Hans auch etliche Monate Militärdienst leisten. Wie er da zurechtgekommen, und wie man sich mit ihm abgefunden hat, ist mir immer ein Rätsel geblieben. Nach Studium- und Kriegsende gehen wir wieder nach Basel und finden bei seiner Familie Unterschlupf. Hans arbeitet in der Firma «Weleda» in Arlesheim halbtags. Dort experimentiert er unter anderm mit Pflanzenfarben, er hängt speziell präparierte Papiere in Pflanzenextrakte, wobei jede Pflanze andere Formen ergibt. Er zeigt diese sogenannten «Steigbilder» in der Galerie Suzanne Feigel.

Nun muß ich wieder wählen und auslassen. 1947 finden wir in Basel auf dem Münsterhügel ein kleines, der Stadt gehörendes Häuschen und Hans seine Baracke als Atelier. Er wendet sich nun wieder seiner wahren Berufung zu: dem Malen. Wir haben zwar kein Geld, dafür bekommen wir zu unserer großen Freude zwei weitere Töchter, Johanna und Franziska.

Hans Schiess sagt:
> *Es ist mir mißlungen, ein brauchbarer Spießer zu werden, doch was ist die Bestimmung des Menschen?*
> *Der Mensch (von heute) kann sein integeres «Ich» nicht behaupten und wendet sich affektgeladen zu falschen Prärogativen, die ihm wohl eine beschränkte Situation versprechen, ihn aber immer mehr in die abgrundlose Gleitebene des rein persönlichen Affektlebens hinein manipulieren.*

Über abstrakte Kunst:
> *Fragen an mich: Ich weiß nicht was soll es bedeuten? Antwort: Nur Harmonie zwischen Farbe und Form. Das Schauen soll wie eine Fremdsprache gelernt – und das Werk wie in der Musik, in ihrer ganzen Geistigkeit, erfaßt werden.*

Aber:
> *Bildende Kunst, nur aus dem Unbewußten geschöpft, gehört zur Therapie in der Heilanstalt und soll nicht auf die Mitmenschen losgelassen werden. Krankes ist so oft sehr ansteckend.*

Nun widmet sich Hans R. also wieder ganz der Malerei und tritt nun auch der Gruppe 33 bei. Er muß den Einstieg wieder finden. Mit seinen an sich selbst sehr hoch gesteckten Zielen fällt ihm das sehr schwer. Vielleicht so schwer wie 1939, als er im Polizeigebäude Spiegelhof in Basel ein Wandbild «Das Gute und das Böse» schuf und mir damals in einem Brief schrieb:
Ich bin ganz schrecklich daran mit dem Wandbild, weil es doch sehr gut werden muß. Ich wache mitten in der Nacht auf und bin von Angst gepeinigt wie ein Student vor dem Examen.

Unser Holzofen in der Martinsgasse wird mit Bildern gefüttert, die ihn nicht befriedigen. Leider verschwindet da viel Gutes, auch viele frühe Zeichnungen, Collagen und Radierungen. Sein Atelier bestand aus einer Baracke ohne Wasser und Strom im Garten der Firma Wassermann an der Hardstraße. Zwei solch ähnliche Baracken in Binningen und Therwil folgten, nachdem Hans dazwischen in den sechziger Jahren ein ihn in jeder Beziehung befriedigendes Atelier wegen Nutzung für Büros wieder räumen mußte.

Unsere Kinder, für den Vater ein Quell der Freude – der Vater, für die Kinder ein herrlicher Märchenerfinder und Geschichtenerzähler. Aber oft, so wie auch für mich, eine Prüfung durch sein Anderssein, seine demonstrative Religiosität, seine hohen Ansprüche an den Nächsten. Ich erkläre mir diese Religiosität durch eine schwer traditionsgebundene Kindheit, die seine Innenwelt an die Vergangenheit band, und einem gleichzeitigen Bedürfnis zum großen Griff in die Zukunft. Das Leben von Hans R. Schiess bestand aus einer verzweifelten Suche nach Gott. Die Gegenwart, seine Selbstironie, das gleichzeitige Begreifen seiner Unvollkom-

Oben:
Atelier in Binningen

Unten:
Atelier im Schwarzwald

Im Holzdruckatelier

Die letzten Ateliers:

im «Bienenhaus»
in Therwil

an der Lerchenstraße
in Basel

menheit und nicht zuletzt der ewige Kampf um die materielle Existenz standen diesem Suchen ständig im Wege.

Er sagte:
Die Menschen und – da die Kunst auch die Cassandra der Welt ist – vor allem die Künstler werden immer mehr zu Neurotikern. Die Neurose aber wird zum Postulat des Zukurzgekommenen oder zur Ersatzleistung eines innerlichen Mangels, z.B. nicht verstanden werden, Einsamkeit, keine geistige, innerliche oder religiöse Bindung an die Schöpfung. Die Dualität ihrer Entscheidung – auf der einen Seite Vernichtung, auf der andern Leben – ist dem nicht religiösen Menschen weder Realität noch faßbar.

Über neue Tendenzen in der Kunst:
Kapriziöser Spielraum für eine seelische Extravaganz.

Es war in den späten fünfziger Jahren, als Hans sagte: *Nun weiß ich, wie man malen muß, jetzt kann ich es.* Er fing nun auch an, Bilder zu verkaufen, wenn auch zu sehr bescheidenen Preisen. Noch finde ich in seinen Skizzen- und Gedankenheften folgende Eintragung: *25. September 59 – wie soll es weitergehen? Finanziell steht es um den Nullpunkt und nichts in Aussicht als eben <u>Seine</u> Hilfe.* Es ist weitergegangen, und am Ende des selben Jahres können wir unser eigenes Haus an der Lerchenstraße beziehen. 10 Jahre später aber, am 14.3.69, aufs neue folgende Notiz: *Wieder einmal soweit, wie soll es weitergehen?* Mit unerbittlicher Disziplin einer 48-Stundenwoche ging Hans in sein «Atelier» oder er malte im Schwarzwald, wo sein Bruder Walter uns ein Haus zur Verfügung gestellt hatte. Alte Freunde tauchen dort oben auf, z.B. Tut Schlemmer mit Bella Broner-Ullmann, ehemalige Mitschülerin am Bauhaus, und es gelingt Hans auch wieder, trotz seinem schwierigen Charakter, seinem plötzlichen Verfolgungswahn und seinen oft so engstirnigen religiösen Ideen, über die er allerdings im nächsten Augenblick auch selbst lachen kann, neue Freunde zu gewinnen. Neben vielen andern besuchen ihn in seinen letzten Lebensjahren jüngere Lehrer aus Lörrach und Umgebung, so zum Beispiel der leider zu früh verstorbene Manfred Marquardt, begabter Mundartlyriker, der Maler und Essayist Paul Hübner und deren Freunde. Sie debattieren lebhaft und formulieren «Manifeste». Hans hält sich dabei an Benjamin Franklin, dessen Buch «Die Geschichte meines Lebens» er in den frühen vierziger Jahren neu übersetzte und im Amerbachverlag herausgegeben hatte. Franklin sagte: «Beim Debattieren immer zuerst dem Vorredner in irgendeinem Punkt rechtgeben, niemals direkt widersprechen.»

Ich scheine mich schlecht an diese Maxime gehalten zu haben, denn Hans schenkt mir kurz vor seinem Tode ein Bild mit der Widmung:

An meine Muse Widerspruch:
Über Berg und Hügel
Über Sinn und Zeit
führt des Widerspruchs Geflügel
in das Bett der Zeit
und bemerkte:
Gespräche kann jeder sagen –
Reden wollen heißt ertragen –.

Er sagte auch noch:
> *Wenn ich arbeite, verlängert sich das Bild beim Malen, so daß das Ende stets ferne bleibt.*

Mir scheint es mit dem Schreiben über Hans Schiess so zu ergehen, aber ich will nun doch versuchen, ein Ende zu finden. Ich denke, seine Schwierigkeiten im Leben waren vielleicht nicht größer als die anderer Künstler, doch der Sturm in seinem Innern war stark und er deshalb sehr gefährdet. Doch das hat sich nie in seiner Malerei widergespiegelt, und was schließlich daraus geworden ist, zeigen seine Bilder.

Charlotte Schiess-Petermann

Die Muse
1978
Ölkreide auf Papier
29,7 cm × 20,6 cm
Privatbesitz

Ohne Titel
undatiert
Öl auf Leinwand
72 cm × 150 cm

Schiess nach Picasso
1971
Öl auf Leinwand
41 cm × 33 cm
Privatbesitz

Ohne Titel
1973
Öl auf Leinwand
35 cm × 27 cm
Privatbesitz

Ohne Titel
1973
Öl auf Leinwand
30 cm × 25 cm
Privatbesitz

Sonne im Schwarzwald
um 1964
Öl auf Leinwand
91 cm × 200 cm
National-Versicherung, Basel

Planetenband
1971
Öl auf Leinwand
88 cm × 200 cm
Sammlung Ch. Schiess-Petermann

Ohne Titel
1971
Öl auf Leinwand
89 cm × 49 cm
Privatbesitz

229

Spirale
1971
Öl auf Leinwand
80 cm × 92 cm
Basler Versicherungs-Gesellschaft

Ohne Titel
1971
Öl auf Leinwand
40 cm × 40 cm
Galerie «zem Specht» Basel

Ausblick aus dem Atelier Herrenschwand – Frühling
1969
Öl auf Leinwand
90 cm × 200 cm
Privatbesitz

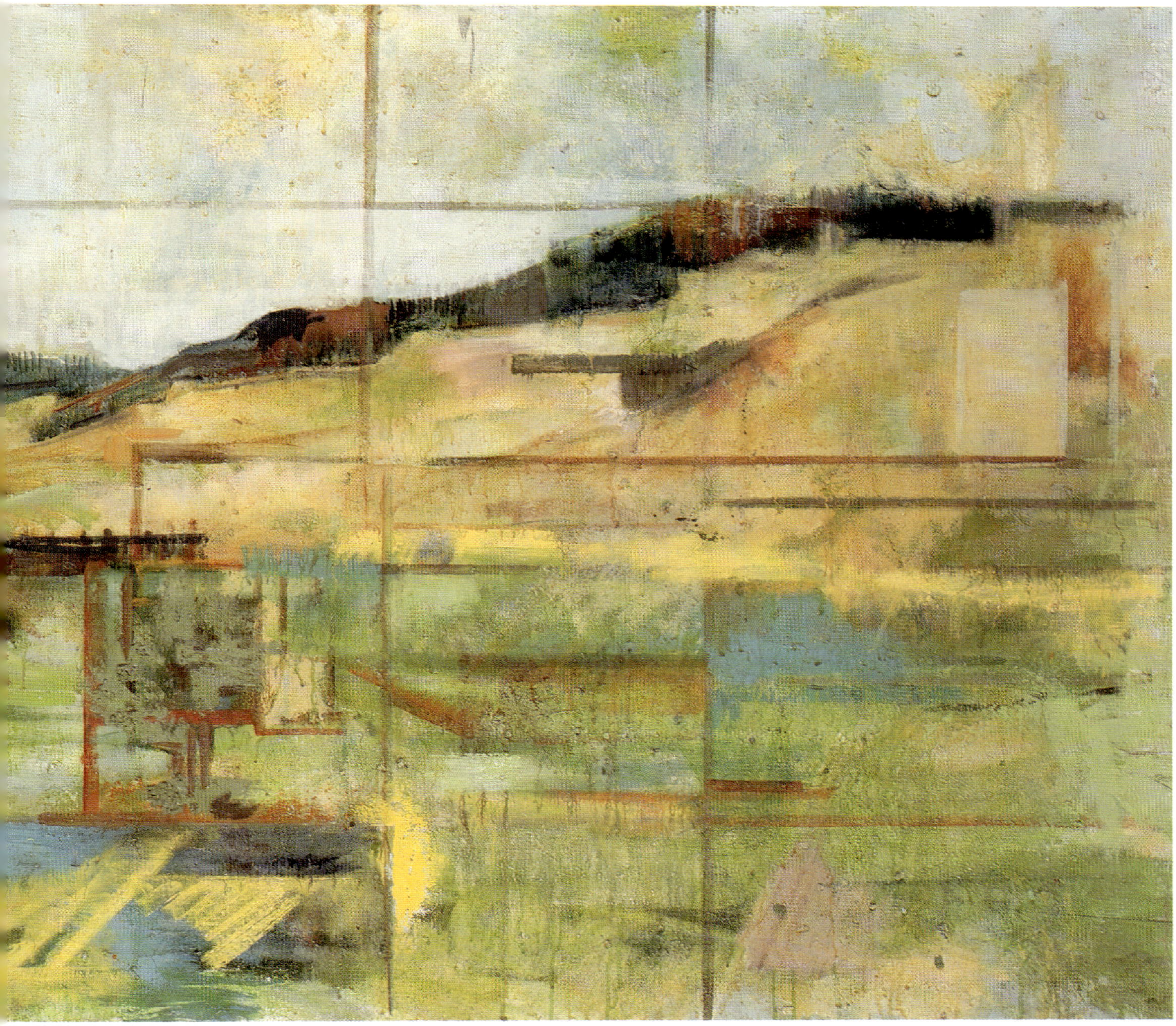

Entwurf zu einem Madonnabild –
nach Raffael
um 1970
Bleistift, Farbstift und Ölkreide auf Papier
24,8 cm × 21,2 cm
Sammlung Ch. Schiess-Petermann

Madonna – nach Raffael
1971
Öl auf Leinwand
120 cm × 81 cm
Privatbesitz

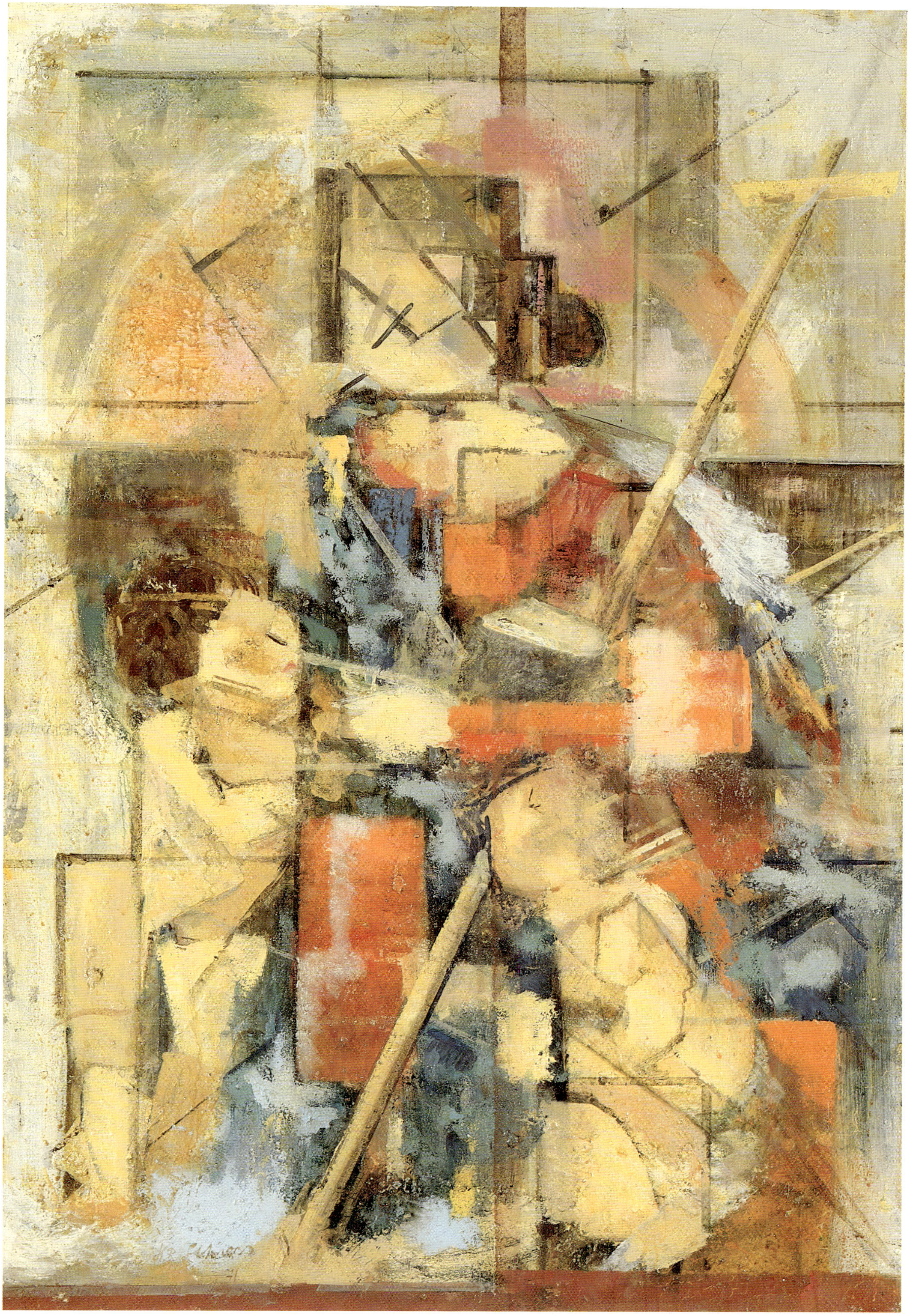

Madonna III – nach Raffael
datiert 1975 und 1970
Öl auf Leinwand
65 cm × 50 cm
Privatbesitz

D'après Raffaello
1975
Öl auf Leinwand
72,5 cm × 54,5 cm
Privatbesitz

Madonna – nach Raffael
1976
Öl auf Leinwand
100 cm × 74,5 cm
Sammlung Ch. Schiess-Petermann

Madonna – nach einer Zeichnung von Raffael
1977
Öl auf Leinwand
85 cm × 56 cm
Privatbesitz

Ohne Titel
1972
Öl auf Leinwand auf Pavatex
57,5 cm × 81 cm
Privatbesitz

Ohne Titel
um 1972
Öl auf Leinwand auf Pavatex
51 cm × 33,5 cm
Privatbesitz

241

Ohne Titel
1974
Öl und Collage übermalt auf Pavatex
36,5 cm × 31 cm
Sammlung Ch. Schiess-Petermann

Cercle gris
undatiert
Öl auf Karton
39,3 cm × 29,5 cm
Privatbesitz

Ohne Titel
undatiert
Öl auf Sperrholz
30 cm × 24,2 cm
Privatbesitz

Widerspruch
1974
Öl auf Pavatex
35,2 cm × 27,5 cm
Sammlung Ch. Schiess-Petermann

Getäfer
1971
Collage
30,7 cm × 24,6 cm
Privatbesitz

Ohne Titel
undatiert
Öl auf Karton
33,8 cm × 26,4 cm
Privatbesitz

Ohne Titel
1973
Öl auf Leinwand
41 cm × 33 cm
Sammlung Ch. Schiess-Petermann

Ohne Titel
1974
Öl auf Leinwand
64 cm × 40,5 cm
Privatbesitz

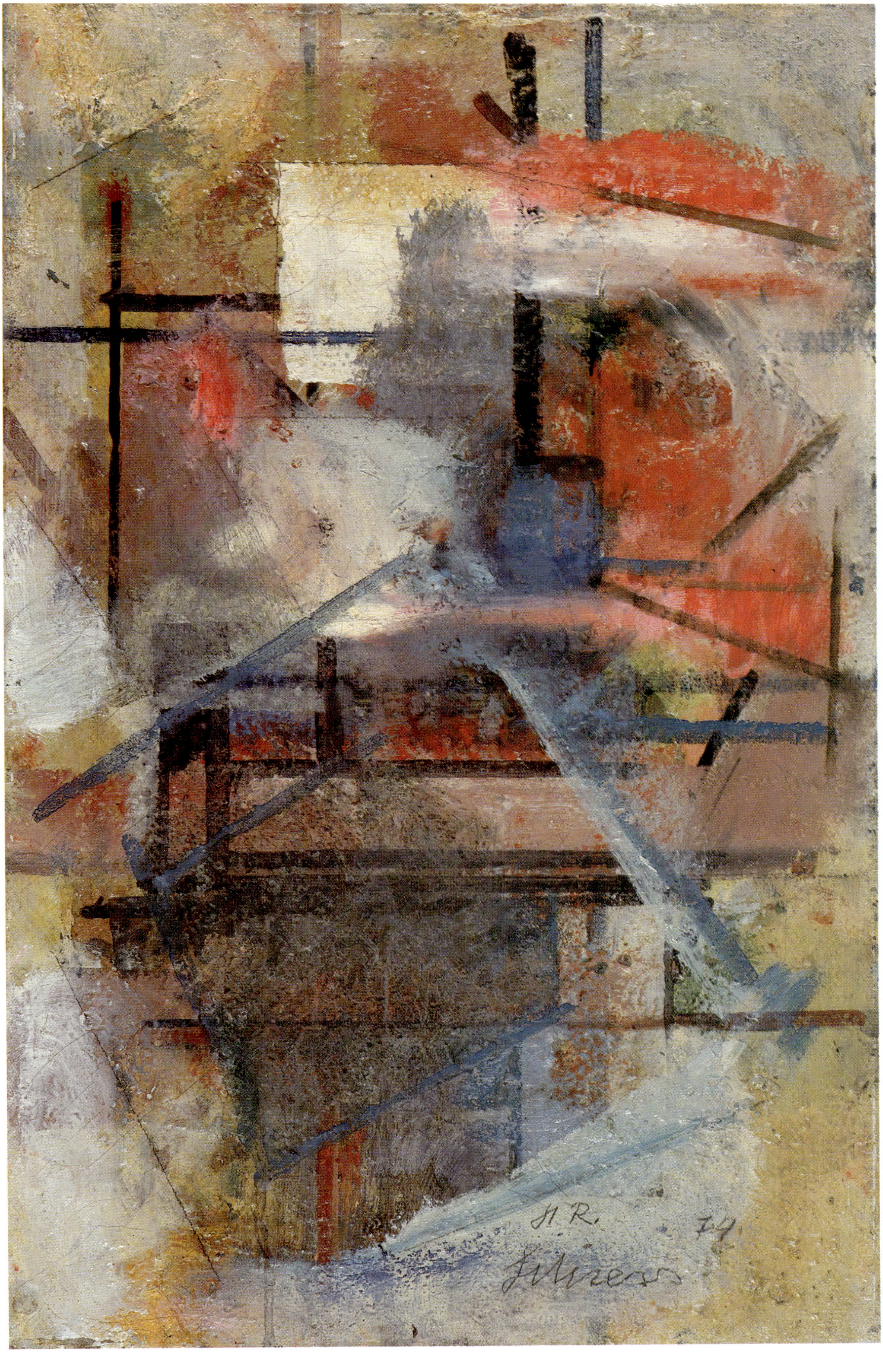

Ausblick vom Atelier Herrenschwand
1974
Öl auf Pavatex
65 cm × 130 cm
Privatbesitz

Schwarzwald-Landschaft
1967
Öl auf Leinwand
49 cm × 89 cm
National-Versicherung, Basel

Portrait Johanna
1974
Öl auf Leinwand
55 cm × 47 cm
Privatbesitz

Ohne Titel
undatiert
Öl auf Leinwand
51 cm × 91 cm
Wirtschafts-Treuhand AG, Basel

Ratio
1975
Öl auf Pavatex
89,5 cm × 39 cm
Privatbesitz

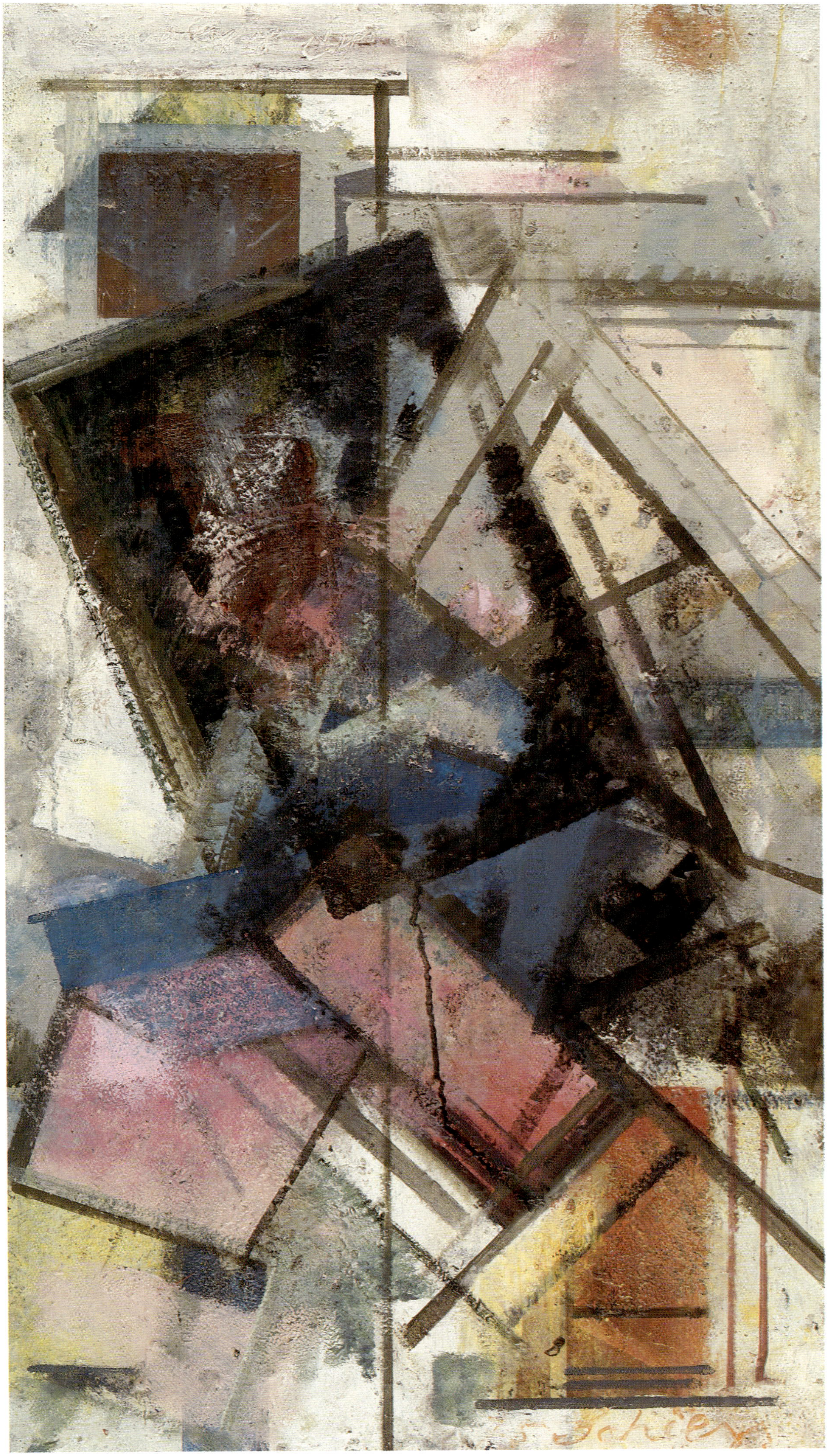

Portrait Emanuel Schiess
1974
Öl auf Leinwand
61 cm × 38 cm
Privatbesitz

Rad des Lebens
undatiert
Öl auf Leinwand
41 cm × 33 cm
Privatbesitz

Ohne Titel
1975
Öl auf Pavatex
36 cm × 28 cm
Sammlung Ch. Schiess-Petermann

Ohne Titel
1975
Öl auf Leinwand
46,5 cm × 33,4 cm
Sammlung Ch. Schiess-Petermann

Ohne Titel
1975
Öl auf Pavatex
30 cm × 24 cm
Sammlung Ch. Schiess-Petermann

ABC 4
1976
Öl auf Pavatex
30 cm × 24 cm
Privatbesitz

Ohne Titel
1976
Collage und Öl auf Pavatex
32 cm × 27 cm
Privatbesitz

Ohne Titel
undatiert
Öl auf Leinwand
35 cm × 27 cm
Privatbesitz

Ohne Titel
1976
Öl und Gouache auf Karton auf Pavatex
29,8 cm × 24,5 cm
Privatbesitz

Ohne Titel
undatiert
Öl auf Pavatex
39 cm × 49,7 cm
Privatbesitz

Silberwolf
1973
Öl auf Leinwand
90 cm × 200 cm
Privatbesitz

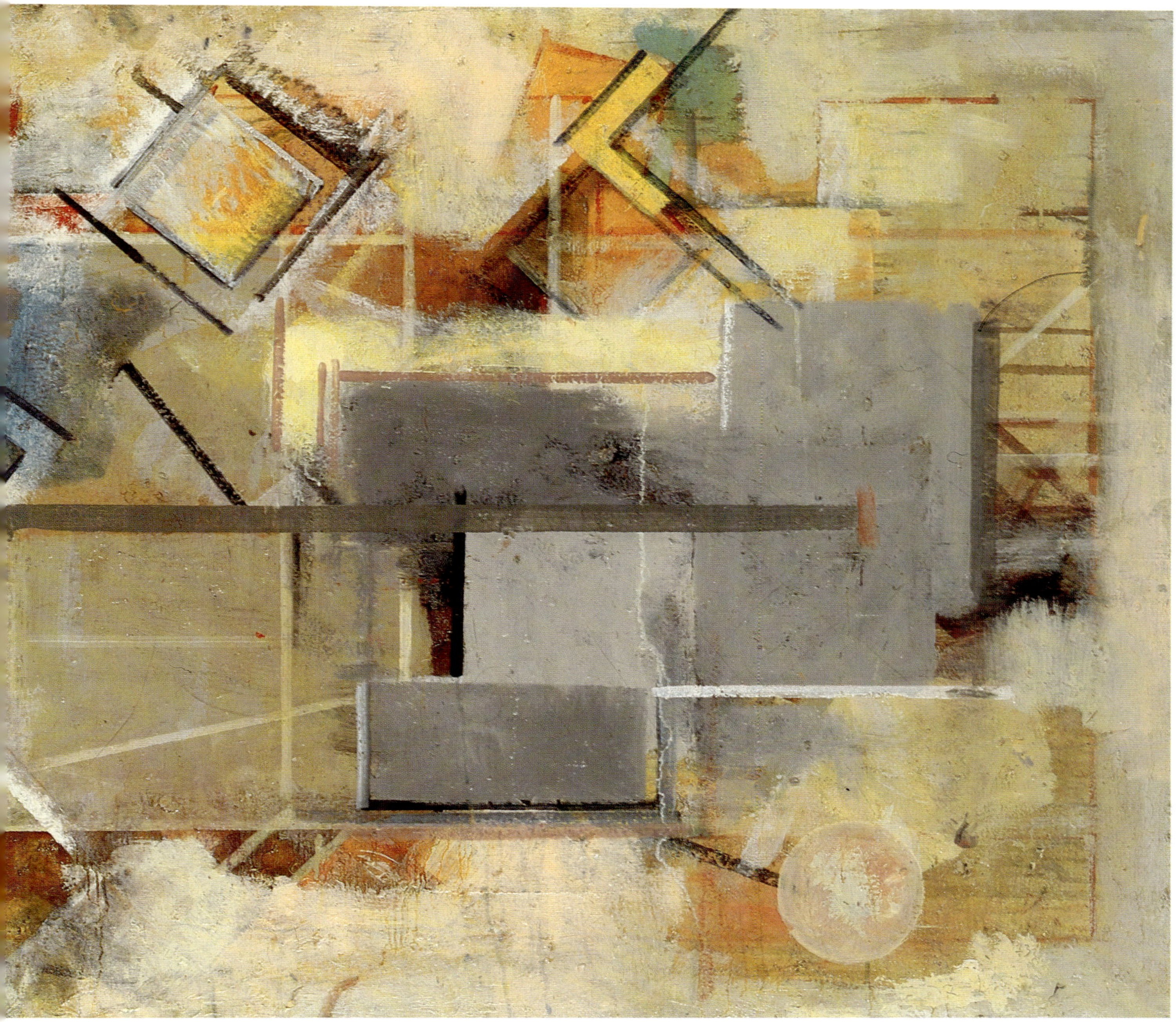

Ohne Titel
1976
Öl auf Pavatex
46 cm × 38 cm
Sammlung Ch. Schiess-Petermann

Ohne Titel
undatiert
Öl auf Leinwand auf Pavatex
29,2 cm × 24,2 cm
Privatbesitz

Ausblick vom Atelier Herrenschwand
1976
Öl auf Leinwand
90 cm × 145 cm
Privatbesitz

Ohne Titel
1977
Öl auf Leinwand
46 cm × 33 cm
Privatbesitz

Frohe Stunde
undatiert
Öl auf Leinwand
41 cm × 33 cm
Privatbesitz

Theorie
undatiert
Öl auf Karton
39,5 cm × 32,5 cm
Kunstmuseum Solothurn

Gefangener Mond
1977
Öl auf Leinwand
65 cm × 130 cm
Sammlung Ch. Schiess-Petermann

Ohne Titel
undatiert
Öl auf Leinwand
30 cm × 24 cm
Privatbesitz

Ohne Titel
1977
Collage und Öl auf Karton
25,5 cm × 18,5 cm
Sammlung Ch. Schiess-Petermann

Ohne Titel
um 1975
Öl auf Pavadex
44 cm × 35 cm
Privatbesitz

Ohne Titel
1977
Collage und Öl auf Karton
29,9 cm × 23,9 cm
Sammlung Ch. Schiess-Petermann

Spielplatz
1977
Collage
30 cm × 24 cm
Sammlung Ch. Schiess-Petermann

Portrait Ch. Schiess
um 1977
Bleistift auf Papier
33,2 cm × 26 cm
Privatbesitz

Fränzi
undatiert
Bleistift auf Papier
33,2 cm × 26 cm
Privatbesitz

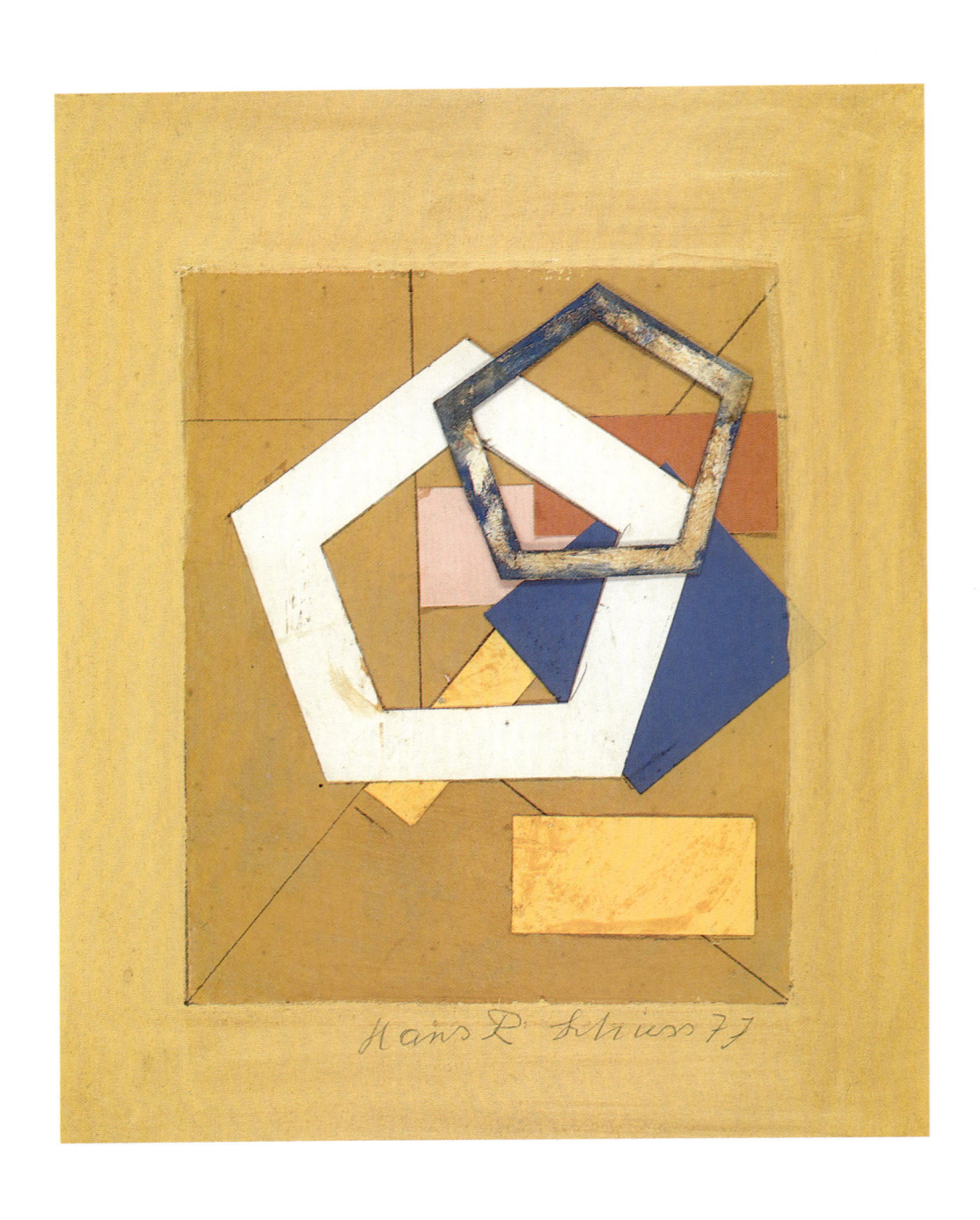

Collage C001
1977
Mischtechnik und Collage
44,1 cm × 35,1 cm
Bauhaus-Archiv Berlin

Ohne Titel
1978
Öl auf Leinwand
100 cm × 60 cm
Privatbesitz

Farbholzschnitt, um 1977
42,5 cm × 26,5 cm
Privatbesitz

Farbholzschnitt, 1968
44,9 cm × 26,9 cm
Privatbesitz

Horeb, Entwurf für einen Holzschnitt, 1977
35,2 cm × 26,5 cm
Privatbesitz

Farbholzschnitt, 1978
45 cm × 27 cm
Privatbesitz

Monastir
1978
Öl auf Karton
25,2 cm × 19 cm
Privatbesitz

H.R. Schiess, 1977/78

Konzeption · Bruno Gasser
Koordination · Hansruedi Rust
Gesamtgestaltung und redaktionelle Bearbeitung · Karl Leiner
Katalog der abgebildeten Werke · Martin Bühler
Fotolithos des Inhalts · Fotolitho Neuenhof AG, Neuenhof
Umschlaglitho · Interrepro AG, Münchenstein
Satz · Filmsatz Stauffer + Cie. AG, Basel
Schrift · Sabon-Antiqua von Jan Tschichold
Druck · Reinhardt Druck Basel
Papier · 150 gm² mattgestrichenes Ikonofix von Zanders
Einband · Buchbinderei Grollimund AG, Reinach

Fotonachweis

Aeschimann Maurice, Onex · Seite 11
Baur Christian, Basel · Seite 33, 35, 37, 39, 45, 48, 52, 53, 55, 60, 87, 102, 116, 123, 125, 132, 134, 136, 139, 145, 150, 171, 195, 210, 228 oben, 230, 231, 249, 250 unten, 260, 275, 281
Bezzola Leonardo · Seite 271
Bühler Martin, Basel · Seite 3, 6, 7, 8, 9, 10, 12, 13, 14, 15, 17, 18, 29, 30, 31, 32, 36, 40, 41, 42, 44, 46, 47, 49, 50, 51, 54, 56, 58, 59, 61, 62, 63, 65, 66, 71, 73, 74, 75, 76, 77, 78, 79, 81, 82, 85, 86, 88, 89, 90, 91, 93, 95, 97, 103, 104, 106, 107, 108, 109, 111, 112, 113, 114, 115, 117, 118, 119, 120, 121, 122, 124, 127, 128, 129, 130, 131, 133, 138, 140, 141, 143, 144, 146, 147, 149, 158, 160, 161, 162, 163, 164, 165, 167, 168, 170, 172, 173, 174, 175, 176, 178, 179, 180, 181, 182, 183, 185, 186, 187, 188, 189, 190, 191, 192, 196, 197, 198, 199, 200, 202, 203, 204, 205, 206, 209, 223, 224, 225, 226, 227, 228 unten, 229, 232, 234, 235, 236, 237, 238, 239, 240, 241, 242, 243, 244, 245, 246, 247, 248, 250 oben, 251, 252, 253, 254, 255, 256, 257, 258, 259, 261, 262, 263, 264, 266, 267, 268, 269, 270, 272, 273, 274, 276, 277, 278, 279, 282, 283
Friedrich Reinhard, Berlin · Seite 207
Gerber Christian, Wisen · Seite 184, 193
Galerie Henze, Campione · Seite 214 oben links und unten rechts
Jerome LTD · Frontispiz
Kopp & Vonow, Zürich · Seite 135
Kunstkredit Basel-Stadt · Seite 92, 94, 110, 126, 194
Kunstmuseum Chur · Seite 38, 166
Łukawski Mariusz, Łódź · Seite 43
Musée Suisse du Vitrail Romont · Seite 177
Prater Winter, Denver · Seite 285
Rust René, Therwil · Seite 221 oben links und rechte Spalte
Schneider, Berlin · Seite 159, 280
Schönwetter, Glarus · Seite 72
Warren David R.G., Amsterdam · Seite 142
Unbekannte Fotografen · Seite 4, 34, 98, 100, 212, 214 oben rechts und unten links, 217, 220, 221 unten links.